JN246074

心おどる造形活動

― 幼稚園・保育園の保育者に求められるもの ―

成田 孝

大学教育出版

まえがき

　幼児は抽象的思考が確立されていないので、座って頭で考える活動よりも、おのずと、作ったり、遊んだりなどの身体を使った活動が主となる。子どものときの経験や学びが、その後の基盤をつくることに異論がある人はいない。

　このことから、保育者には、豊かな生活を創りながら、いかに子どもの学びを深められるかが問われる。

　子どもは大人が指示すると、指示されたとおりに活動する怖さがある。子どもは保育者を選べなければ、活動内容も選べない。保育者が用意した活動を、受け入れるしかない。子どもの発達の鍵は、保育者しだいであることを自覚してもし過ぎることはない。

　スムーズに活動が展開されているからといって、保育者は安心してはいけない。問われるべきは、活動の質である。子どもが保育者に指示された活動をして、無難な時間を過ごせばよいのではない。保育者と子どもが、共同で高みに登っていく活動でなければならない。そのためには、造形活動の本質的な意味、徹底的な教材研究・解釈、高みに登るための支援などを探究し続けなければならない。

　書店で幼児コーナーを見ると、作品づくりに関わるハウツー本であふれている。造形活動は制作（作品づくり）を通して展開される以上、子どもが学びを深めるための題材（作品づくり）を考えなければならない。保育者が個人で考えるには限界があるので、図書などを参考にするのは当然であり、参考にしなければならない。

　作品を作ることが目的なら、ハウツー本に書かれている作り方を参考にすれば済む。しかし、作品づくりは手段であって、目的ではない。目的は、作品づくりを通して何を学ぶかである。ハウツー本には、作り方の詳細は書かれていても、学びを深めるための根拠や構想まで書かれているものは少ない。保育者には、吟味した題材を通して、子どもが学びを深めるための構想が求められ

る。学びを深めるための構想なくして、保育は成立しない。

　また、「どんな題材をどのように支援すればよいのか」にとどまるのではなく、題材や支援に対する教育方法学的な根拠を持たなければならない。教授学である。理論と言ってもよい。保育の現場は、この「教授学」に課題があると思っている。

　そこで、本書の前半は実践編として「発達を踏まえた描画材料や題材」及び「造形活動の環境と記録」を紹介し、後半は理論編として「造形活動の本質的な意味」を明らかにした。

　本書が日常の造形活動を見直し、子どもが学びを深めるための「造形活動の本質的な意味」「徹底的な教材研究・解釈」「高みに登るための支援」を考える一助になれば幸いである。

2016 年 12 月

成田　孝

心おどる造形活動
― 幼稚園・保育園の保育者に求められるもの ―

目　次

iv

まえがき ……………………………………………………………………… *i*

第1章　発達を見通した造形活動の「描画材料」と「題材」を考えよう

……………………………………………………………………… *1*

　1　描画材料を考えよう　*2*

　　(1) 1歳頃～3歳頃向きの描画材料　*2*

　　(2) 3歳頃以上向きの描画材料　*7*

　　(3) 紙　類　*10*

　2　学びを育む題材を考えよう　*12*

　　(1) 感覚（感触）遊び　*13*

　　(2) 版　画　*28*

　　(3) 粘　土　*40*

　　(4) 工　作　*51*

　　(5) 共同制作　*58*

　　(6) 絵の具による彩色　*65*

第2章　造形活動の「環境」と「記録」を考えよう　………………… *69*

　1　造形活動の環境を考えよう　*71*

　　(1) 材料を集めよう　*71*

　　(2) 道具類の保管例　*74*

　　(3) 作品の保管例　*75*

　　(4) 活動場所　*77*

　　(5) 材料や道具類の正しい使い方を教えよう　*78*

　　(6) 材料や道具類を使いやすい場所に置こう　*80*

　　(7) 掃除用具を考えよう　*80*

　　(8) 残った材料の活用を考えよう　*81*

　　(9) 壁面を豊かにしよう　*82*

　2　記録をとって、生かそう　*83*

　　(1) 活動の記録を文章と写真で丁寧にとろう　*83*

目　次　v

　　（2）活動の様子を保護者に伝えよう　*85*

　　（3）パソコンを活用しよう　*86*

第3章　子どもにとっての「造形活動の意味」を考えよう　………………… *95*

1　造形活動の本質を考えよう　*95*

　　（1）保育者が学ぶ意味を考えよう　*95*

　　（2）造形活動は、対象に直接働きかける　*99*

　　（3）情操は「引き上げる」ものではなく、「育む」ものである　*101*

　　（4）「作品づくり」から脱却しよう　*102*

　　（5）「五感」を克服し、「体性感覚」を重視しよう　*104*

2　活動内容を吟味しよう　*111*

　　（1）徹底的に教材研究・解釈しよう　*111*

　　（2）教材研究・解釈を基に、活動の構想を具体的に練り上げよう　*113*

3　「子ども主体」の意味を考えよう　*116*

　　（1）「やらされる活動」ではなく、「する活動」を重視しよう　*116*

　　（2）保育者が「教えたいこと」を、子どもが「学びたいこと」に転化する

　　　　　　　　　　　　　　　　　　　　　　　　　　　　　　　　118

　　（3）自己決定の場面を多くしよう　*120*

　　（4）試行錯誤を保証しよう　*121*

4　子どもを理解しよう　*125*

　　（1）保育者は、自分の子ども時代のことをとっくに忘れている　*125*

　　（2）先入観・固定観念を捨てよう　*125*

　　（3）発達を概観する　*127*

　　（4）障がい児への対応を考えよう　*134*

5　「豊かな生活」を創り、「豊かな表現」につなげよう　*142*

　　（1）「豊かな生活」とは何か　*142*

　　（2）「豊かな生活」を、「豊かな造形表現」につなげよう　*158*

6　子どもに信頼される保育者になろう　*170*

　　（1）保育者に求められる姿勢はどうあればよいのだろうか　*170*

(2)　保育者が子どもから学ぶ意味を考えよう　*176*

　(3)　子どもと大人は、世界観・価値観が異なる　*177*

7　「成就感」の意味を考えよう　*178*

　(1)　「成就感」は、伝えずにはいられない体験から生まれる　*178*

　(2)　「自由制作」一辺倒では、成就感が育たない　*182*

　(3)　「発達の最近接領域」が重要である　*184*

8　保育者と子どもが共同で学びを創ろう　*186*

　(1)　子どもが「成就感」を得られる活動を考えよう　*186*

　(2)　子どもの発見・発想・提案・意見・アイディアを生かそう　*188*

　(3)　集団の教育力に注目しよう　*196*

　(4)　子どもと対話しよう　*199*

　(5)　共感的な「1対1の対話による描画活動」を重視しよう　*201*

9　気になる表現に配慮しよう　*206*

10　保育指導案を考えよう　*208*

　(1)　保育指導案を書く意味　*208*

　(2)　構造的・全体的に保育指導案を構想しよう　*209*

　(3)　保育指導案作成上の具体的な留意点　*209*

注及び文献 ……………………………………………………………… *218*

あとがき ………………………………………………………………… *225*

心おどる造形活動
―幼稚園・保育園の保育者に求められるもの―

第 1 章

発達を見通した造形活動の「描画材料」と「題材」を考えよう

　同じ題材でも、発達レベルによって活動内容が違ってくる。保育者[1] は、一つの作り方に固執してはいけない。保育者には、発達差に対応したり、発展させていくために、簡単なものから複雑なものに対応できる知識・技術・実践力が求められる。つまり、その題材に関わる全てを網羅した知識や技術の基盤があってこそ、どの発達段階にも対応できる。

　しかし、題材に関わる全体的・専門的な知識が保育者になくても、図書に掲載されている作り方などを参考にすると、それなりに子どもに作品を作らせることができてしまう怖さがある。よく使う「のり」や「ハサミ」でも、正しい使い方を知っているのかと疑わざるを得ない保育者もいる。版画や工作や粘土などは、なおさらである。

　造形活動は、感覚遊び・描画・絵画・版画・工作・粘土などの領域があるが、どの領域も必ず材料や道具を使う。材料や道具を使うのが、造形活動の特質である。

　材料や道具の使い方に対する保育者の専門的な知識と技術なしに、子どもに教えることはできない。保育者には、題材に対する深い知識と技術を確かなものにするために、徹底的な教材研究の積み重ねが求められる。同時に、自分よりも知識や技術が深く、実践力に優れる保育者が同じ題材で保育したら、子どもの活動は自分のときとどのように違うのかを想像してみることも必要である。子どもが保育者を選べない以上、誰よりも豊かな知識や技術を持った、優れた保育者を目指したい。

　本章は、一つの題材の作り方を紹介するのではなく、「発達レベルに対応し

た題材の捉え方」及び「〔子どもに教えなければならないところ〕と〔子どもが主体的に取り組むところ〕」を明らかにした。なぜなら、保育者の指示どおりに作品を作らされる「作品主義」を脱却し、「子どもが主体性を最大限に発揮できる題材」を目指したいからである。

1 描画材料を考えよう

(1) 1歳頃～3歳頃向きの描画材料

　保育者は、自然（海、山、川、野原など）・文房具店・画材店・ホームセンター・百均・図書・研究会・学会などで、描画材料の発掘に努めたい。新しい材料が次々と開発されるとともに、今までの材料も新たな使い方が生まれる。どのような描画材料がよいかを考えることは、重要な教材研究である。

　描画活動は、物をつかむことができて、座位や立位がとれるようになる満1歳頃から始めるのがよいとされる。しかし、1歳頃は、しっかり物を持てないうえ、なんでも口に入れたがる時期でもある。

　描画材料を選ぶ際は、次の3条件を押さえたい。

　① 口に入れても安全な原料でできている（EU諸国は「CEマーク」、アメリカは「APマーク」）。

　② 大人が使う筆やボールペンや鉛筆のように細長くて持ちにくいものではなく、やや太く短くて持ちやすい。

　③ 力を入れながら描くことができないので、軽い力でも線が描ける。

　※写真は、大きさが比較できるように、マッキーやクレパスなどといっしょに写してある。

① プチマジー

　わしづかみができるので、満1歳頃になって描画を始めるときに向いている（写真1-1）。「赤、黒、オレンジ、緑、ピンク、青」の6色セットで、1,020円（送料別途）。通販のみ。問い合わせ・注文先は、一般財団法人大阪保育サポートセンター、電話：06-6763-4381、FAX：06-6763-3593。大阪保育サポー

第1章 発達を見通した造形活動の「描画材料」と「題材」を考えよう　3

表1-1　1歳頃～3歳頃に推奨の描画材料

低 ←						年齢					→ 高
・プチマジー	・たんぽ筆	・ふとふとマーカー	・水でおとせるクレヨン（クレパス）	・みつろうクレヨン	・刷毛類						・ゲルマーカー

※「プチマジー」から「刷毛類」は、年齢的にはあまり差がない。「ゲルマーカー」はやや細いのでいちおう「高」としたが、大きな差はない。

トセンターのホームページでも、確認と注文が可能である。メール：info@hoiku-center.net

② たんぽ筆

たんぽ筆は市販していないので、保育者が自作するしかない。たんぽ筆を自作する場合は、次の4条件を考慮したい。

ア　持ち手の部分は、太すぎても、細すぎてもよくない。既製の物では、ヤクルト容器やフィルムケースが向いている。ただし、フィルムケースとヤクルト容器は長さが決まっている欠点がある。更に、フィルムケースはやや入手しにくい。ヤクルト容器は凹みがあって持ちやすいが、口が狭い。また、割り箸は細いので、危なくて、持ちにくい。

写真1-1　プチマジー

写真1-2　リードクッキングペーパー

一番のお勧めは、小枝である。太さも、長さも自由にできる。二番目は、ヤクルト容器。ヤクルト容器を使う場合は、台所用スポンジを強引に詰めるとよい。

イ　絵の具を吸いやすい。現場では、綿布・スポンジ・ガーゼ・綿布をストッキングなどで覆うなど、さまざまな工夫がされている。

一番のお勧めは、リードクッキングペーパー。吸水性が高く、破れることもない。値段も安い。切り込みがついて、1枚がたんぽ筆1個分になるので使いやすい。

　ウ　描きやすい。描いたときに、適度に滑らなければならない。綿布を水切り用のネットなどで覆うと、スムーズに滑らない。リードクッキングペーパーを使っても、圧縮しながら小枝にくっつけないと、絵の具を吸ったときに、ぐらぐら、ふにゃふにゃする。また、リードクッキングペーパーの下の部分がはみ出ると描きにくいので、はみ出た部分は切ったうえで、ヒモや輪ゴムやセロテープなどで押さえる。数種類の長さや太さの小枝をたくさん用意しておくと、リードクッキングペーパーを交換するだけでよい。その際、しっかり作るには、細めの麻糸などで丁寧に縛るとよい。輪ゴムだけで簡単に縛ってもよい。

　エ　安全である。小枝を使う場合は、小枝の表面や小口でケガしないように、小刀やヤスリで滑らかに仕上げる。

　写真1-2は、リードクッキングペーパー。40枚分で250円程度。たんぽ筆1個あたり6～7円程度。少し安い、ロールタイプもある。

　写真1-3は、1枚を折ったものと丸めたものである。

　写真1-4は、麻糸でしっかり縛ってから、セロテープを巻いて作った、長短の「たんぽ筆」である。

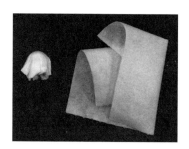

写真1-3　リードクッキングペーパーを丸める

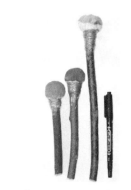

写真1-4　長短の「たんぽ筆」

写真1-5　ふとふとマーカー

いろいろ工夫して、子どもの使い方を見て改善していくことが大切である。まさに、教材研究である。

③　ふとふとマーカー

写真1-5は、サクラクレパス社製の「洗たくでおとせる水性ふとふとマーカー」。きいろ、あか、あお、だいだい、みどり、くろの6色セットで、定価1,026円。メーカーは、3歳以上と記載しているが、満1歳頃～2歳頃でもだいじょうぶである。

太くて短いので、持ちやすい。口に入れても安全な食用染料が使われており、衣類に付いても洗濯で落とせる。

④　水でおとせるクレヨン

写真1-6は、サクラクレパス社製の「水でおとせるクレヨン12色」。きいろ、だいだいいろ、うすだいだい、ちゃいろ、あか、ももいろ、むらさき、みずいろ、きみどり、みどり、あお、くろの12色セットで、定価778円。おうどいろ、こげちゃ、はいいろ、しろを加えた16セットもある（定価1,015円）。水性なので、手足や体に付いたり、はみ出しても水や雑巾で落とせる。原材料にみつろうが使

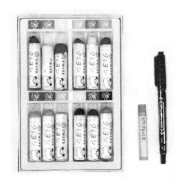

写真1-6　水でおとせるクレヨン

われている。普通のクレヨンの1.5倍の太さがあるので、持ちやすくて折れにくい。

同じ仲間に、クレパスがある。クレパスは、クレヨンよりも軟らかい。「水でおとせるクレヨン」が直径1.5cmの円柱形に対して、「水でおとせるしかくいクレパス」は転がりにくい直方体（1辺が1cm）になっている。「水でおとせるしかくいクレパス」は、12色が定価842円。類似品に、ぺんてる社製の「水でおとせるふとくれよん」12色（定価778円）がある。

これらも、3歳以上と記載しているが、満1歳頃～2歳頃でもじゅうぶんに使える。その他には、直径が1.2cmだが、シュトックマー社製（STOCKMAR

ドイツ）の「みつろうクレヨン（スティック8色基本色缶入りで1,700円程度）」もよい。スティックタイプは8色基本色のほかに、8色中間色、12色、16色、24色がある。更に、ブロックタイプの8色、12色、16色、24色もある。国産だけではなく、外国製にも優れたものがあるので、探す努力をしたい。

　一般的なクレヨンは、石油系の成分が含まれているので、口に入れる可能性のある年齢の子どもには使わせないほうがよい。

　⑤　刷毛類

　毛先があまり軟らかくなくて、毛の量も多く、持ちやすいものがよい。男性のひげそり用の刷毛を百均で見つけて使わせたり、ススキの穂先で自作している保育者もいる。寿司刷毛、木版用刷毛なども向いている。

　⑥　ゲルマーカー

　PILOT社製で、表1-1の中では一番細くて長いので、やや持ちにくい。固形ゲルが、筆圧によって滑らかな状態に変化するので、気持ちよく、とてもスムーズに描ける。描いた後に触れても、クレヨンやクレパスのように手などに付くことはない。口紅のように軸を回転させて、芯の出し入れをする。保育者がそのつど長さを調整して、子どもに持たせる。交換用の芯（商品名「レフィル」、各色1本86円）も用意されている。

　ゲルマーカーは、全36色。単色でも購入できる。ブリリアントカラー12色セット（写真1-7）が、定価2,160円。ブリリアントカラー6色セット、パ

写真1-7　ゲルマーカー

写真1-8　「ゲルマーカー」と「レフィル」

ステルカラー6色セット、メタリックカラー6色セット、ラメ入りカラー6色セットもある。主な成分は、ゲル化材と水性顔料で、有害な材料は使われていない。体感したことのない、驚くような描きやすさである。

(2) 3歳頃以上向きの描画材料

3歳頃になると、筆圧も多少加えることができるし、口に入れることも少ないので、いろいろな材料を使うことが可能となる。無論、1歳頃～3歳頃向きの描画材料も使ってよい。

表1-2　3歳以上に推奨の描画材料

低 ←　　　　　　　　　　　年　齢　　　　　　　　　　→ 高
・マーカー ・クレパス ・クレヨン ・はじめてにぎるクレヨン ・はじめてのもちかたクレヨン ・ポスカ ・マッキー ・サインペン ・クレレーサブル ・リップジャンボグ ・固形絵の具 ・刷毛類 ・筆 ・チョーク ・コンテ ・水彩絵の具 ・割り箸ペン

※ この表以外にも、いろいろなメーカーから多様な商品が発売されている。今後も、いろいろな商品の開発が期待できる。この表は、一例にすぎない。以下、いくつかの描画材料を紹介する。

① はじめてにぎるクレヨン

ドイツのファーバーカステル社製（FABER-CASTELL）で、日本ではシャチハタから販売されている。黄色、赤、緑、青の4色。成分は、顔料、ワックス、添加物。ヨーロッパの玩具安全基準（FN71）をクリアしている。握りやすくて折れにくいが、筆圧がやや要る。手や

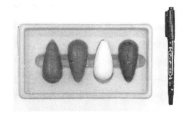

写真1-9　はじめてにぎるクレヨン

洋服についても落ちやすい。3歳以上を推奨している。定価（税込）840円。

② はじめてのもちかたクレヨン

同じく、ドイツのファーバーカステル社製。「はじめてにぎるクレヨン」と成分は同じ。

「はじめてにぎるクレヨン」よりも細く、色数は、6色（黄色、橙色、赤、緑、青、茶色）。4歳以上を推奨している。定価（税込）840円。

③ ジャンボグリップイレーサブルクレヨン

これも、ドイツのファーバーカステル社製。グリップが太めで、滑りにくいドット加工されている。12色（イエロー、ペールオレンジ、ピンク、オレンジ、レッド、ブルー、ライトブルー、グリーン、ライトグリーン、パープル、ブラウン、ブラック）。定価（税込）518円。

④ さんかくクーピーペンシル

サクラクレパス社製のクーピーは、軸全体が芯になっている。プラスチック製の色鉛筆で、消しゴムで消すことができる。通常のタイプは、色鉛筆の太さで、12色～60色入りがある。

ここで紹介したいのは、三角形の太く短く握りやすいタイプである。12色（きいろ、だいだいいろ、うすだいだい、ちゃいろ、あか、ももいろ、むらさき、みずいろ、きみどり、みどり、あお、くろ）で、定価1,404円。メーカーでは対象を2～3歳児としているが、硬めなので、3歳頃以上に向いている。

写真 1-10　はじめてのもちかたクレヨン

写真 1-11　ジャンボグリップ イレーサブル クレヨン

写真 1-12　さんかく クーピーペンシル

⑤ 固形絵の具

5歳頃からの「水彩絵の具」の前段階として、4歳頃には「固形絵の具」を使わせたい。「水彩絵の具」は、筆洗いの使い方（水の入れ方、すすぎ方）、筆に付ける絵の具の量、雑巾の使い方などをきちんと教えなければならないが、「固形絵の具」は筆に水を含ませてこすりながら溶かすだけでよいので簡単である。それまでの、マーカー類やクレヨン類などと違って、筆を使うのは新鮮である。硬い絵の具をこすらなければならないので、あまり軟らかい筆は向いていない。子どもに使わせる前に、保育者が試してみたい。

写真 1-13 は百均の「固形絵の具」で、色数が 18 色と多い。写真 1-14 は吉祥の「顔彩」。「顔彩」は水干し絵の具に少量のニカワが入っており、日本画で使われることが多いが、子どもにも適している。全 67 色で、8 〜 60 色のセットもある。単色でも買える。1 色ずつ別になっているので、使ってほしい色だけを子どもに準備することも可能である。8 色セットで、定価 864 円。単色は割高だが、1 個 170 円前後で買える。補充も容易である。

写真 1-13　百均の固形絵の具

写真 1-14　顔彩（12 色セット）

⑥ 筆

3歳頃〜5歳頃の子どもの筆は、穂先の硬さが重要である。油絵の筆のように硬すぎてもよくない。かといって、動物の毛でできた一般的な筆だと軟らかすぎて、微妙な筆圧の調整が要求されるので向いていない。また、一般的な水彩用の筆は、長くて細いので、握りにくい。

ぺんてる社製の「えふでネオセーブル」を推奨する（写真 1-15）。左から、特大（18 号）、大（14 号）、小（6 号）である。小の右は、一般的な水彩用の

筆である。

この「えふでネオセーブル」は穂先がナイロン製で、水の含みもよく、コシも強い。毛もまとまりやすく、毛抜けや腐食にも強い。持つところが丸くないので、転がりにくい。

なお、3歳頃〜5歳頃は精密な表現をしないので、「えふでネオセーブル」の「小」は必要ない。「特大」と「大」の2本を用意したい。一般用に比べると、穂先のボリュームもあり、短くて、太くて、使いやすい。定価は、「特大」が577円、「大」が379円。

写真1-15　えふでネオセーブル（左3本）

(3) 紙　類

どのような紙を使うかは、極めて重要である。紙の見本帖だけでも小さな段ボールにいっぱいになるほど、紙の種類は多い。紙は保育に不可欠なので、紙に対する知識を増やし、そのときの活動にふさわしい紙を正しく選択できる保育者を目指したい。

紙のサイズも多様である。印刷では、四六判が基本となっている。788mm×1091mmで全判と呼ぶこともある。よく知られているものに、A判とB判がある。

四六判よりも大きな紙が必要な場合は、「A0判（841mm×1189mm）」や「B0判（1030mm×1456mm）」がある。

ここでは、通常使われることの多い、四切サイズの画用紙及び色画用紙、折り紙、千代紙、半紙、厚紙（板目表紙、RFコートボール）、段ボール、セロハンは取り上げない。

①　A2コピー用紙

満1歳半頃〜2歳頃には、肩を支点に、往復線やグルグル丸を四切サイズいっぱいに描く。低年齢だからといって、半分の八切サイズや小さな新聞広告の裏を使わせるのは間違いである。線描画はすぐに描き終えるので、紙がたく

第1章 発達を見通した造形活動の「描画材料」と「題材」を考えよう　11

さん必要である。正直、経費もかかる。紙の厚い画用紙が理想だが、経費がかかりすぎるので、A2コピー用紙を推奨する。

　A2（420mm×594mm）は、四切（380mm×540mm）よりも若干大きい。インターネットなどで、安価に購入できる。四切の更紙（わら半紙）もあるが、筆者の調査ではA2コピー用紙のほうが安いうえ、紙質も白くてよい。インターネットで買う場合は、送料が発生しないように、多少まとめて購入したほうがよい。A2コピー用紙は、1,500枚入りで3,950円（1枚あたり約2.6円）程度。四切の更紙（わら半紙）は、500枚入りで1,400円（1枚あたり約2.8円）程度。

　② ロール紙（障子紙を除く）

　写真1-16は、左から「ジャンボロールR画用紙900mm×10m」「ハンディロール1091mm×30m（1,500円〜2,100程度）」「ハンディロール785mm×30m（1,100円〜1,500円程度）」「ハンディロール545mm×30m（1,000円〜1,400円程度）」。

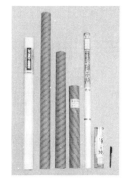

写真1-16　ロール紙と障子紙

　「ジャンボロールR画用紙」は、「しろ（定価1,944円）」「くろ（定価3,024円）」を含む全16色。

　「ハンディロール」は上質紙で、厚さは模造紙程度。「ロール模造紙788mm×50m（1,500円程度）」「マス目入りハンディロール788mm×50m（1,100円程度）」や色つきの「ハンディロール」、ロールタイプの「ハトロン紙」もある。

　③ 障子紙

　障子紙は、無地と模様入りがある。子どもが使うのは、無地がよい。無地でも、パルプ100％ものから化繊が混入したものまでさまざまな種類がある。洋紙に比べると水を吸い込みやすい。色の発色はよくないが、破れにくい。幅が2種類ほどある。常備したい紙である。幅266mm×長さ18.8m（写真1-16、左から6番目）が450円程度、幅940mm×長さ7.2m（写真1-16、左から5番目）が300円程度で買える。業務用の幅940mmには30m・50m・60mの

長さがあり、幅135cmには50mの長さなどもある。

障子紙は破れにくいので、「魚つり遊び」の青い池づくりなどにも適している。

④　全判（四六判）用紙

　ア　模造紙

　　1枚40円前後で買えるので、現場ではよく使われている。上質紙で、サイズは全判788（791）mm×1091mm。幅広用紙と呼ぶ地域もある。1枚で使うこともあるが、貼り合わせて、大きくして使うこともできる。

　イ　画用紙

　　上質なR画用紙は、788mm×1091mmで1枚120円程度。紙質が若干落ちてもよければ、紙専門店でカットしてもらうと半額の60円程度で済む。

　　教材屋のカタログに載っている商品に限定してはならない。紙専門店や紙問屋に相談することも必要である。

2　学びを育む題材を考えよう

　造形活動は、子どもが保育者の指示どおりに作品を作ることではない。保育者の意識が、「どんな作品を作らせるか」、つまり、「作品」に向いてはならない。保育者が徹底的に教材研究をして、子どもに確かな学びが育むことが可能な題材（活動内容）を用意する。そして、子どもに試行錯誤や工夫を保証しながら、主体的に学びを深めるための支援をして、子どもが成就感を得られる活動を展開したい。

　造形活動で問われるのは、「どんな作品を作ったか」ではなく、「何を学んだか」である。そのためには、まず、徹底的な教材研究が必要である。次に、各題材において、「保育者が教えなければならないところ」「子どもに全面的に委ねるところ」「子どもが困ったりしたら支援するところ」を分けて考えなければならない。同時に、「子どもが主体性を発揮できる場面」を最大限に保証し

なければならない。この、「子どもが主体性を発揮できる場面」がどれだけ含まれているかで、題材の価値が決まるからである。保育者の指示によって、保育者が考えたとおりの作品を作らされる活動では、子どもが主体性を発揮できる場面があまり期待できない。

　この項では、題材を網羅していないし、作品の作り方も丁寧に説明していない。いくつかの題材を取り上げて、本質に関わるポイントを述べてある。そして、「保育者が教えなければならないところ」「子どもが主体性を発揮できるところ」に留意している。無論、子どもの様子を見守りながら、子どもが学びを深めるための具体的な支援は必要となる。

（1）感覚（感触）遊び

　散歩は歩きながら、花の匂いを感じたり、車や動物などの音を聴いたり、人・樹木・草花などを見たり、太陽の光や影を感じたり、風を感じたり、いろいろな感覚が刺激を受ける。このように、人間はさまざまな感覚を入力しながら生きている。散歩の意味も大きい。

　ここで「感覚（感触）遊び」を取り上げるのは、受動的な感覚への刺激ではなく、遊びを通して、能動的・積極的にいろいろな感覚に働きかけることの意義に着目するからである。

①　保育者の労力よりも子どものニーズを優先しよう

　「感覚（感触）遊び」は、絵画や工作などに比べると、準備や片づけに保育者の労力を多とする。衣服が汚れることも多い。「感覚（感触）遊び」に意義を見いだしている保育者は積極的に実施しているが、全体の傾向として、絵画や工作などに比べると低調であるのは否定できない。

　また、子どもの衣服や身体が汚れることを嫌がる保護者が、少なからずいるとの声も耳にする。だからといって、「感覚（感触）遊び」を回避するのは間違いである。衣服が汚れる「感覚（感触）遊び」の場合は、実施する前に、「どんな活動をするのか」「どの程度の汚れが予想されるのか」「汚れた場合はどのように洗濯したら落ちるのか」などを、園便りやクラス便りで事前に伝える。そして、子どもが生き生きと活動している様子をカメラで撮影して、保護

者に伝える。写真のデータやプリントを希望する保護者には提供する。保護者は、活動中の生き生きした子どもの様子から、衣服が汚れること納得する。

どんな活動であれ、活動の様子は写真や文章で、保護者に頻繁に伝えていきたい。子どもの活動の姿が見えないと、保護者に限らず不安になる。なのに、保育者からみると、理解及び協力が不足している保護者と誤解しかねない。保護者は子どものためなら、協力を惜しまない。園での生活の詳細を、知りたいのは当然である。園での生活を詳しく説明できない乳幼児の場合は、保育者が詳しく伝えていかなければならない。保育は、保護者と保育者との連携・協力・共同によって効果が発揮されるからである。

「感覚（感触）遊び」の準備や片づけ、保護者に対する活動前のお知らせ、活動中の写真撮影、保護者に対する活動中の子どもの様子の伝達、希望する保護者への写真提供、保育の記録など、保育者の仕事は多い。

「感覚（感触）遊び」の実践発表に触れると、子どもの生き生きした様子に感動する。同時に、子どもの姿を熱く語る保育者にも圧倒される。

② 「感覚遊び」と「感触遊び」の違い

「感覚遊び」はあらゆる感覚に働きかけるのに対して、「感触遊び」は「触」とあるように、手を中心に足や身体全体で「触る」活動である。「感覚遊び」には、「触（触覚）」による「感触遊び」はもちろん、「触（触覚）」以外の「光・色（視覚）」「匂い（臭覚）」「音（聴覚）」「味（味覚）」「バランス（平衡感覚）」などに関わるものが含まれる。

ただし、実際の活動では、「触」「光・色」「匂い」「音」「味」「バランス」などが単独で作用することは少ない。例えば、「粘土」を触ると、まず「触」によって「冷たさやぬくもり・軟らかさ・重さ」などを感ずる。この「触」によってもたらされる感覚以外に、粘土の「匂い」を感ずることもあれば、口に入れて「味」を感ずることもあれば、粘土をたたくときの「音」を感ずることもある。

たたいたり、踏んだり、揺らしたり、こすったりなどして「音」を楽しむ場合も、「触」が密接に関わっている。遊んだり、粘土や工作で何かを作るときは、「感触」が中心となる。現場で行われる遊びも、「感触遊び」が多い。

イタリアのレッジョ・エミリアでは、雨、水たまり、噴水、水車、ネコ、昆虫、色、光、影、木、葉、小石、匂いのある植物（ハーブ）、ブドウの収穫、さまざまな音、音の彫刻、粘土などを通して、多様な感覚への働きかけを重視している。「触」以外に、「光」「音」「匂い」も重視している。特記すべきことは、「光」を積極的に取り入れていることである。「光」は、「色」や「影」をもたらす。「光」による働きかけは、単なる明暗ではない。「日光」及び「月光」の言葉からも、「太陽」と「月」が密接に関わっていることが分かる。「太陽」と「月」は、壮大な宇宙のリズムであり、生命の根幹である。

レッジョ・エミリアに学び、「光」を導入している保育園・幼稚園・特別支援学校などもある。

③ 感覚（感触）に働きかける意義

さまざまな感覚への働きかけは、子どもや大人、年齢や性別などに関係なく、極めて重要である。「特殊感覚（視覚・聴覚・嗅覚・味覚・平衡感覚）」と「体性感覚（皮膚感覚・運動感覚）」による感覚への働きかけが、脳や認知などの発達を促進し、人格の形成に決定的な役割を果たすからである。さまざまな感覚を積極的に刺激して揺さぶることの重要性を、保育者は強く意識しなければならない。とりわけ、低年齢ほどその意義は大きい。

「感覚（感触）遊び」は、「体性感覚（104-110頁参照）」と密接に関わっている。「体性感覚」を主とした働きかけは、対象の変化として確認できるため、対象に働きかける喜びにつながり、意欲的・積極的な人間となる。

④ 低年齢（0歳頃～2歳頃）における感触遊びの重要性

以下に述べる「認知発達」「脳発達」「体性感覚」「五感の克服」の視点は、低年齢（0歳頃～2歳頃）の子どもにとって重要であるとともに、低年齢（0歳頃～2歳頃）以上の子どもにとっても重要な視点である。ただ、年齢が低い子どもほど、「遊び」の形を取るにすぎない。

ア 認知発達の視点

よく知られるピアジェの発達理論に照らせば、0歳頃～2歳頃は、見たり、聞いたり、触ったりという「感覚」や、つかんだり、落としたり、かんだりといった「運動」、すなわち「外的運動」によって外界に働きかけ

て外界を知る段階「感覚―運動期」なので、「感覚」や「運動」に働きかける活動が主となる。0歳頃～2歳頃は、「前操作期（2歳頃～6歳頃）」に可能となる「表象＝イメージ（事物について、心の中で考えること）」や言語が思考に関わってくる「概念化（直感的思考）」、「具体的操作期（6歳頃～11歳頃）」に可能となる「保存の概念」「具体的思考」、「形式的操作期（11歳頃～成人）」に可能となる「抽象的思考」が確立されていないし、文字も未獲得なので、「イメージ化」「概念化」「思考化」などの操作活動はできない。

　以上から、「感覚―運動期」である0歳頃～2歳頃にとって、運動や感覚遊び、つまり、"あたま"による操作でなく、"からだ"による活動が重要であることが分かる。

　子どもは豊かな「運動や感覚（感触）遊び」を通して、「人や物との関わり」「話し言葉」「イメージ」「主体性」を広げることによって、次の発達段階にスムーズに登っていくことができる。

イ　脳発達の視点

　脳科学の知見によれば、脳の大半は2歳頃までに完成し、残りは10歳頃～14歳頃までに緩やかに完成すると言われている。

　脳は全体として機能するが、脳の部位による機能分担が行われている。「運動野（体を動かすための指令を出す場所）」と「感覚野・第一次体性感覚野（体からの感覚情報を受け取る場所）」が「中心溝」の前と後ろにあって向かい合い、連携している（図3-6、109頁）。「運動野」と「感覚野・第一次体性感覚野」の髄鞘化（簡単に言えば、働きが活発になること。）は、出生時にすでに始まっており、2歳頃に完成すると言われている。

　以上から、0歳頃～2歳頃は、「運動野」と「感覚野・第一次体性感覚野」への働きかけが重要である。

　「運動野」は、ペンフィールドの図3-5（109頁）からも分かるように、手（二足歩行に伴う手の働きの活発化）と口（生命維持としての食料の摂取、発声［言葉］によるコミュニケーション）の場所が多く占めるの

で、手と口を刺激する活動が求められる。

このように、脳発達の視点からも、0歳頃～2歳頃は「運動」や「感覚遊び」（中でも「感触遊び」）が重要となる。

0歳頃～2歳頃はまだ細かな指先の動きができないし、さまざまな道具の使用も困難である。よって、手や足やからだ全体で直接触ることが中心となる。1歳以降頃（1歳半頃）になると、砂遊びや水遊びなどで簡単な道具を使うことが可能となる。

ウ　体性感覚の視点

「感覚野・第一次体性感覚野」は、「運動野」と対応し、体の各部位からの体性感覚情報を受け取る場所である。「体性感覚」は、「運動感覚」と「皮膚感覚」の「触覚」「圧覚」「温覚」「冷覚」「痛覚」で構成されている。

「体性感覚」は、特殊感覚と内臓感覚をつなぐ重要な感覚であり、生命全体が生き生きと活動する鍵を握っている。「運動感覚」や「皮膚感覚」が絡まる「体性感覚」は、年齢に関係なく、全ての人間にとって極めて重要な感覚である。

頭よりも、身体を使ったほうが覚えやすい。ハサミを使うにしても、説明を聞いただけではうまく使えない。実際に手を使ってハサミを動かしてみて（体性感覚の運動感覚と皮膚感覚及び運動野を使って）、力加減や切れ具合を体得していく。サッカーでも、実際にボールを蹴ってみて（体性感覚の運動感覚及び運動野を使って）、その感触を通して体得していく。リンゴの重さも、見るだけでは分からない。実際に持ってみて（筋肉運動を通して）、分かる。

このように、見たり聞いたり（座学）でなく、体を使って、じっくりやってみることが重要である。

認識や発達は、身体を動かしながら（体性感覚と運動野を使いながら）、行動的で具体的かつ操作的な活動抜きには考えられない。「体性感覚」は一般的に使われている用語とは言いがたいが、教育・保育における「体性感覚」の重要性を再認識したい。

エ 「五感」克服の視点

　五感は、「視覚」「聴覚」「味覚」「嗅覚」の感覚器官が局在した４つの特殊感覚と、「体性感覚」の中の「皮膚感覚」の一部である「触覚」を意味するにすぎない。特殊感覚と内臓感覚をつなぐ重要な感覚である「体性感覚」には、五感の一つである「触覚」のほかに、五感に含まれないが重要な感覚である「運動感覚」や「皮膚感覚」の「圧覚」「温覚」「冷覚」「痛覚」が含まれる。

　しばしば、「五感で感じる」とか、「五感に訴える」とか、あるいは「五感を総動員して」とか言われる。全ての感覚のつもりで「五感」を使っているのかもしれないが、「五感」では、特殊感覚の「平衡感覚」と、「体性感覚」の「運動感覚」と「皮膚感覚」の「圧覚」「温覚」「冷覚」「痛覚」が含まれない。体を使って、じっくり取り組むためには、「体性感覚」が極めて重要になるので、全ての感覚を「五感」という言葉で表してはいけない。「視覚」「聴覚」による、見たり聞いたりでは、受け身になる。「触覚」も表面的である。

　内臓感覚以外の感覚を指す場合は、「特殊感覚と体性感覚」であるが、「五感」を使いたければ、せめて「五感を含む全ての感覚」又は「五感や体性感覚を含む全ての感覚」とすべきである。

⑤ 感覚（感触）遊びの実際

ア　感覚（感触）遊びと発達年齢

　０歳頃は、保育者が材料を用意して、やって見せたりしなければならない。材料が目の前にあると、興味を持って触りたくなる。保育者がいろいろやってみせると、自分もやってみたくなる。このように、保育者から誘いながら、いっしょに遊ぶことが大切である。

　歩行が可能になる１歳頃や「みたて・つもり」期の２歳頃〜３歳頃は多様な感覚（感触）遊びを用意して、自由に遊ばせたい。４歳頃からは、顔などの具体的な形を描いたり、作ったりするので、多様な材料で好きなものを作らせたい。更に、年長になると、筆の代わりに指だけで絵を描く体験にも興味を示す。このように、同じ「感覚（感触）遊び」でも、

第1章　発達を見通した造形活動の「描画材料」と「題材」を考えよう　19

表 1-3　感覚（感触）遊びと発達年齢

低 ←	年齢	→ 高
・保育者がやってみせながら、感覚（感触）遊びに誘う。 ・自分から、いろいろ働きかけて感覚（感触）そのものを楽しむ。	・形にする（水、指、棒などで自由に描く。粘土などで自由に形を作る）。	・本格的な指絵など。

発達年齢などの特性を生かして取り組む必要がある。

(ア)　感触遊びの材料

「感触遊び」の材料は、子どもが口に入れることを考慮して、安全な素材でなければならない。アレルギーがあったり、皮膚が弱い子どもがいれば、完璧に配慮しなければならない。保護者からの情報提供があったのに、失念していたでは済まされない。ただし、把握していない素材でも異変が出ないとは限らないので、子どもの様子に注意を怠ってはならない。小麦粉アレルギーの子どもがいる場合は、わらび粉などを使えばよい。

　直接触る素材として、水、色水、砂、土、土粘土、小麦粉、片栗粉、寒天、おから、高野豆腐、パン粉、わらび粉、こんにゃく、石、材木、木球、かんなくず、わら、葉、木の実、貝殻、綿、羊毛、羽根、毛皮などの自然材や、ボール、オモチャ類や工具や布などの人工材が考えられる。

　植物では、枯れ葉や花びらを飛ばす、枯れ葉や草花の上に寝転ぶ、皮をむく、葉をちぎる、草相撲をする、ドングリを缶に入れて音を楽しむ、木につかまる、草を結ぶ、実を食べる、などのさまざまな活動が考えられる。

　各素材は、それぞれ多様な使い方が考えられる。「土粘土」の場合は、「形が作りやすい通常の硬さのもの（厳密には子どもの握力に応じて微妙に硬さを変える必要があるので、市販のままでは適さないこともある）」「泥んこ遊びのために水を多くしたもの」「水を加えて遊ぶために粉末にしたもの」「完全に乾かした塊」などが考えられる。

「小麦粉」も、「小麦粉絵の具」「小麦粉粘土」「小麦粉のまま」が想定される。更に、それぞれ多様な展開が可能である。例えば、同じ「小麦粉絵の具」でも、「軟らかい状態」でもよいし、「冷やして固まった状態」でもよい。また、「手で触る」活動が中心でもよいし、暖かい時期に「全身に塗る」活動でもよい。

　市販の「ゆびえのぐ」「洗濯のり」「障子のり」に絵の具（ポスターカラー）を混ぜる方法もある。これらには、成分に防腐剤などが入っている場合もあるので、あまり推奨できない。

（イ）　感覚遊びの材料

　直接触らない素材として、「光」に着目したい。生物が生きていくうえで、「光」は不可欠である。太陽光線や人工照明（ライトテーブル・スポットライト・OHP など）を、積極的に活用したい。「影遊び」「ガラスやアクリルなどにセロファンを貼って透かして楽しむ」「いろいろな光の色を当てて遊ぶ」「ライトテーブルにいろいろな物を載せる」などが考えられる。

　ただし、人間の網膜は強い光に弱いので、強い光線は避けなければならない。強い光線を見るときは、必ず専用のメガネなどを使用して、強い光線が子どもの目に絶対に入らないようにする。

　「光」以外では、「音」に注目したい。木や石などをたたく音・楽器の音・パソコンや電子楽器やCDによるデジタルな音・風や雨や川の音、などとの触れ合いである。足音・信号・乗り物・踏切などの音もある。登園・降園時、午睡時、運動時、延長保育時などに、BGM を流すことも少なくない。音刺激の重要性を考えることは少ないかもしれないが、活動内容に応じた効果的な音刺激の在り方を研究する必要がある。

　スピーカーから流す音も、音質に留意したい。電子楽器のスピーカーは、演奏者に聞こえるように、スピーカーが前方ではなく上向きに付いているものが多い。それも、音質がよいとは言えない小さなスピーカーである。せめて、アンプが内蔵された外部スピーカーを、子どもが聴きやすいほうに向けて、電子楽器に取り付けたい。そのためのアタッチメ

ントも、市販されている。

　また、ラジカセで CD を日常的にかけている園も多いと思うが、音質のよいものを選びたい。電子楽器に後付けした外部スピーカーとの共用もできる。ラジカセやスピーカーの色は、日本ではモノクロ系や木目調が多いが、明るくカラフルなものを探したい。イタリア製には、黄色やオレンジ色などもある。いずれにしても、音が子どもにどのように聴こえているのかを想像しながら、豊かな「音の環境」を作り上げていきたい。園全体や各教室の「音の環境」を見直したい。保育者は、オーディオのプロでもなければならない。

　「匂い」にも、着目したい。嗅覚も大事な感覚である。調理室の匂い・花などの自然物の匂い・飼育している動物の匂いなどの「匂い」にも注目させる取り組みを、意識的に行いたい。

(ウ)　「小麦粉絵の具」の作り方

　保育者が、活動の前に用意する。必要なものは、ナベ、計量カップ、ゴムベラ、竹ベラ、ホイッパー、小麦粉、食紅、水、ハンドブレンダー（電動ミキサー）、ガスコンロ又は電磁調理器（携帯用ガスコンロでもよい）。

① 　小麦粉と水を 1：4 くらいの割合で計り、粒がなくなるまでよくかき混ぜる。食紅は、この時点で入れてよい。食紅の種類にもよるが、小麦粉と水を合わせた 1ℓ に対して、食紅 2g を基準とする。色を濃くしたければ増やし、薄くしたければ少なくする。

② 　ブツブツと空気が出始め、透明感やとろみが出たら火を止める。①でかき混ぜた直後は小麦粉が沈殿するので、煮えるまで鍋の底を竹ベラでかき回し続ける。途中で止めると底が焦げるので注意する。電子レンジを推奨している図書もあるが、一気に煮ると小麦粉と水が分離するので、頻繁に出してかき混ぜなければならない。焦げる心配はないが、慣れないと手間がかかって難しいので推奨しない。

③ 　煮えた直後は熱くて触れないので、ゴミベラでプラスチックの容器などに移して冷ます。冷めたら、使える。1 ～ 2 日で使うなら常温での

保存でもよいが、防腐剤が入っていないのでカビが生えて腐りやすい。塩を若干加えて煮ると、少しは腐りにくくなる。小麦粉粘土や他の材料も、塩を加えるとやや腐りにくくなる。塩の有無にかかわらず、数日後の使用の場合は冷蔵庫で保存したほうが安心である。

④ 冷蔵庫で保存すると、冷えて硬くなる。軟らかくして使う場合は、ホイッパーなどを使って手で練るとつぶつぶが残るが、ハンドブレンダー（電動ミキサー）を使うと滑らかになる。すべすべして、触ると気持ちがよい。そのまま使う方法もある。あえて軟らかくしないで、塊のままでで触らせる。塊を握りつぶすのもおもしろい。

(I) 感触遊びの場所

狭い場所ではなく、広く、やりやすい場所が望ましい。

個人でもよいが、みんなで楽しみたい。しかも、痕跡が分かるように、白い材質（紙やプラスチック類）がよい。プラスチック類やビニールの上での活動は、ヘラなどできれいにすると、何度でも楽しむことができる。

プラスチック類に

・白いプラスチック製品（塩化ビニー

第1章　発達を見通した造形活動の「描画材料」と「題材」を考えよう　*23*

ルやアクリル）を購入し、必要な大きさにカットして、その上で活動する。大きなサイズも可能である。ただし、カットして使う場合は、切り口でケガしないようにヤスリをかける。

・どろんこプレート（写真1-39、86cm×86cm、6枚組で定価41,040円）を使う。やや高価だが、いろいろな活動に使えるので、常備したい。

・版画のインク練り板を使う。サイズは小さいので、個人用となる。

紙類に

・白い大きな紙の上で行う。模造紙はそのままのサイズでもよいが、数枚貼り合わせるといくらでも大きなサイズにすることができる。ロール状の模造紙・画用紙・障子紙などを使うと、長い紙になる。洋紙（模造紙・画用紙など）は破れやすく、和紙（障子紙）は破れにくい。障子紙は、昔からある幅の狭いものもあれば、幅が広いものもある（11-12頁）。

その他

・常設の「らく描きコーナー（壁面）」を作ってもよい。教室や廊下の壁に、白い板を貼る。白いベニヤの化粧板・アクリル板や塩ビ板・屋外の広告などに使うアルミ製の白い板などで作る。水性の材料で描くと、雑巾で拭ける。水洗いできる場所なら、水を流しながら洗える。要は、保育者の工夫しだいである。

・白い机はそのまま使える。汚れたら、雑巾で拭く。

・白以外の机は、白い紙を敷いてからビニールを敷く。ビニールの上で活動する。ただし、ビニールはシワができて、やりにくくなることもあるので、シワができないようにする。

・広いブルーシートの上でじかに行う。ただし、ブルーシートは青くて痕跡が分かりにくいので、あまり推奨できない。

（オ）　その他

　残したい痕跡は、写真で撮影する。また、薄い紙（コピー用紙、上質紙など）を静かにかぶせてから軽く全体をなでると、やや不鮮明になるが、小麦粉絵の具を写し取ることができる。この場合、写し取ることを

優先してはならない。別に、写し取らなくてもかまわない。ただし、写し取ることに興味を持つ子どもがいたらさせる。その場合も、最初から写し取るのではなく、じゅうぶんに楽しんだ後で行いたい。

イ　活動の実際

　(ア)　感触遊び

写真 1-17　小麦粉絵の具

写真 1-18　小麦粉

写真 1-19　かんな屑とワラ

写真 1-20　冷蔵庫で固めた寒天

写真 1-21　寒天をつぶす

写真 1-22　凍らせた色水

写真 1-23　片栗粉

写真 1-24　ワラビ粉

写真 1-25　ワラビ粉

第1章 発達を見通した造形活動の「描画材料」と「題材」を考えよう　25

写真 1-26　どろ

写真 1-27　どろ

写真 1-28　ぬれた砂

写真 1-29　水（波紋）

写真 1-30　砂場

写真 1-31　石で描く

写真 1-32　砂場

写真 1-33　砂場

写真 1-34　砂場

写真1-35 石　　写真1-36 石の上を歩く　　写真1-37 貝を並べる

写真1-38 石を落とす　　写真1-39 フィンガーペインティング

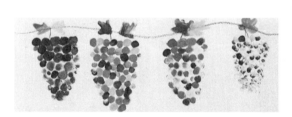 

写真1-40 感触遊びの発展（指絵）　　写真1-41 感触遊びの発展（指絵）

(イ) 感覚遊び（光）

写真1-42　夜の影

写真1-43　プロジェクター

写真1-44　OHP

写真1-45　プロジェクター

写真1-46　プロジェクター

写真1-47　ライトボックス

写真 1-48 虹色の光を見る　　写真 1-49 影遊び　　写真 1-50 ライトボックス

(2) 版　画

　版画は、種類が多い。同時に、教える側の保育者に知識がなければ、版画が経験できなかったり、経験しても限られた版種にとどまることになる。造形活動は、材料や道具や技法を伴うので、保育者には幅広い知識と技術が求められる。それも、担当する子どもの年齢が直接必要とする部分だけでよいのではない。子どもが必要とする部分にしっかりと対応するためにも、関連する全てに精通しなければならない。一度に身に付けることはできないので、積み重ねて、確実に引き出しを増やしていきたい。

　特に版画は、凹版・凸版・平版・孔版の4つの版形式があり、更に、それぞれの版形式に数種類の版種がある。筆者は、特別支援学校及び中学校で、4つの版形式全てを取り上げてきた。また、版画は「版づくり」や「印刷」に関わる難易度によって、対象年齢が決まる。

　受け持っている子どもの年齢ならできるのに、保育者に知識や技術がないために子どもが経験できないなら、その子どもたちはかわいそうである。自分よりも詳しい保育者だったら、子どもたちが経験できたかもしれないという気持ちを持ちながら、教材研究に邁進したい。

　「スタンプ遊び」は、手指や足などの身体や物を持って押すだけなので、最も簡単な版画である。「スチレンボード版画」は、彫ったりする必要がなく、油性ペンなどで描くだけで版ができる。「紙版画」は「のり」と「ハサミ」が

表 1-4　版画と発達年齢

低 ←			年　齢			→ 高
・スタンプ遊び	・スチレンボード版画（一色刷りの小）	・スチレンボード版画（一色刷りの大）	・スチレンボード版画（多色刷り）	・紙版画（切り取り）版の小	・紙版画（切り取り）版の大、台紙版	・紙版画（切り取り）

使えれば可能である。よって、保育園・幼稚園では、「スタンプ遊び」「スチレンボード版画」「紙版画」を経験させたい。

　「スタンプ遊び」「スチレンボード版画」「紙版画」とも、小さな単色刷りから、大きなものや多色刷りまで可能なので、複数年にまたがって発展的に取り組むことができる。

① スタンプ遊び

ア　身体の一部を使って

　感触遊びの延長として、暖かい時期に、汚れを気にせずにダイナミックに行いたい。小さな紙ではなく、広い床や壁に、みんなで足形・手形を押すのはとても楽しい。保育者がやってみせると、子どもは興味を持って積極的にやる。自分の手や足の形が、押すたびに現れるのは、不思議である。

　痕跡が残ることに驚いたら、共感して、驚きを強めてあげる。そして、次にどんなものが現れるか、期待を寄せる。そうすると、子どもはますます意欲的に取り組む。1歳頃以降から体験させたい。

イ　物を使って

　保育者のお手本や参考作品に似せて作るのが、目的ではない。単純な作業になってはいけない。スタンプ遊びを楽しみながら、スタンプの模様を生かして、自分なりのイメージを深めて、工夫して取り組むことが重要である。その結果として、作品（作品のようなもの）ができるにすぎない。

そのためには、「子どもが主体的に取り組むところ」を最大限に保証するとともに、「子どもに教えなければならないところ」や「やってみせなければならないところ」を、きちんと整理しておきたい。

　(ア)　「子どもに教えなければならないところ」と「子どもが主体的に取り組むところ」

「子どもに教えなければならないところ・やってみせるところ」

・スタンプのやり方、紙の準備（自分で切れない場合）、スタンプ台の作り方（スタンプ台を作れる場合）。

「子どもが主体的に取り組むところ」

・紙の選択、紙の形（自分で描いて、ハサミで切れる場合）、スタンプ台（色）の選択、スタンプする物の選択、スタンプする場所（模様など）。

　(イ)　何にスタンプするか

　身近な物を押して、その形や色を楽しむ。スタンプするだけでよいので、2歳頃や3歳頃には経験させたい。画用紙などに、機械的にスタンプするのはつまらない。具体的なものにつなげたい。写真1-51は、洋服の形に切った色画用紙にスタンプしたものである。

　2歳頃はハサミで紙を切るのが難しいので、子どもが興味を持ちそうなもの（洋服・魚・動物・車・花・家・ケーキなど）を、いろいろな色や大きさに切って用意し、子どもに好きなのを選ばせる。自分で選ぶ（自己決定）場面が重要である。全員に同じものを渡すと、自分で選ぶ（自己決定）場面を奪うことになる。

　4歳頃になるとハサミで紙を切ることが可能になるので、四切と八切の2種類の大きさの白及び色画用紙を用意し、子どもが形を描いてからハサミで切るようにする。正確に切ることが目的ではないので、大まかに切れればよい。

　(ウ)　何でスタンプするか

　よく、レンコンなどの野菜でスタンプしている実践を見かける。食べ物である野菜を使うことは、個人的にはあまり賛成できない。野菜を使わなくても、ペットボトルやマーカーなどのキャップ・鉛筆・段ボール

の小口・木片・ヒモ・部品・道具など、身近にいろいろな物がある。

　子どもが自分から探せない場合は、できるだけ多くの種類を用意して選ばせる。自分で探せるようになると、意外な物を見つけてくる。「これをスタンプするとどうなるかな？」という気持ちが大事である。

写真 1-51　スタンプ模様の洋服

　スタンプする場合、写真 1-51 のような紙に直接でもかまわないが、余分な紙に試してみてからでもよい。子どもが工夫して、納得してスタンプすることが必要である。

　スタンプ遊びでは、「紙を選ぶ」「紙を好きな形に切る」「自分で見つけた模様のスタンプを使う」「スタンプで自分がイメージした模様にする」ことが大事である。でなければ、保育者が用意した限られた野菜で、白い画用紙を埋めるように、機械的にスタンプするだけとなる。スタンプする喜びも少しはあるかもしれないが、野菜の断面を確認するだけとなる。

　このように、同じスタンプでも、保育者に「やらされる活動」にもなれば、子どもが興味を持って主体的に「する活動」にもなるのである。

(I)　スタンプ台など

　ハンコなどに使う既製品でもよいが、手作りを推奨する。ガーゼやスポンジやタオルでもよいが、リードクッキングペーパーが吸水性に優れので、発泡スチロール製のトレーやプラスチックの皿などに折りたたんで使うとよい。

　染み込ませる絵の具が薄いと、吸水性のない物をスタンプした場合に絵の具が付きにくくなので濃くする。いずれにしても、保育者が試してみなければならない。スタンプ台は基本的に、多くの色数を保育者が準備する。スタンプ台を作れる年齢の場合は、子どもに作り方を教える。ただし、適度の濃さの絵の具は保育者が用意する。

紙を硬い机に直接置くとスタンプしにくいので、紙の下に新聞紙など
を数枚重ねて敷いてクッション性をもたせると押しやすくなる。

② スチレンボード版画

スチレンボードは、表面に紙が貼られたものと貼られていないものの2種類
ある。教材のカタログにも、両方載っていることが多い。更に、厚さや大きさ
もさまざまである。版画で使うのは表面に紙が貼られていないもので、「スチ
レン版画ボード」と区別して販売している会社もある。新日本造形社のカタロ
グでは、「スチレン版画ボード」として、厚さ3mmで標準判（210×270mm、
10枚組、定価640円）、倍判（270×420mm、10枚組、定価1,290円）となっ
ている。そのまま使うと、軽くて動きやすいのが欠点である。そのまま使う場
合が多いと思うが、裏に両面テープで板目表紙や薄いベニヤ板を貼ると少し重
くなって動きにくくなる。

カッターナイフで簡単に切れるので、初めてやるときは小さな版の一色刷で
よい。その後は、大きな版の一色刷、大きな版の2色刷り、一版多色刷りなど
に発展させることができる。

彫るのではなく、描くだけで凹む性質を利用するので、3歳頃以降くらいか
ら可能な版画である。版画の原点である「スタンピング」を除けば、最も簡単
にできる版画である。

「スチレンボード版画」の場合も、版画を作ることが目的であってはならな
い。「テーマが子どもが描きたいイメージになっているか？」「刷る喜びにあふ
れていたか？」が重要となる。

　　(7)　「子どもに教えなければならないところ」と「子どもが主体的に
　　　　取り組むところ」

「子どもに教えなければならないところ・やってみせるところ」

・版の描き方（凹版にする方法）、インクの盛り方、紙の載せ方、刷り方、
　刷り終わった後の紙のめくり方、刷り終わった版画の置き方。

「子どもが主体的に取り組むところ」

・絵のテーマと下絵、インク盛り、刷り。

（イ）　テーマの決め方

　版画に限らず、ただ形を描けばよいのではない。描く形に、その子どもなりの思いが込められていなければならない。子どもにとって、好きな人や物だったり、身近なものだったり、経験して印象深いことなどの興味・関心のあるものでなければならない。

　例えば、子どもに「どんな動物知ってる？」「どんな動物好き？」と聴くと、積極的に発言する。発表できたことを褒め、次々と黒板に書く。子どもは競うように発表する。描きやすく、興味を持ちそうな動物の名前が出てこない場合は補足する。黒板が、動物の名前で埋まる。「いっぱい出たね！」「みんなよく知っているね！」と褒める。

　次に、黒板に書かれた動物をヒントに、版と同じ大きさの下描き用の紙に数枚描いてみる。大きく、単純に、線のみで描くようにする。そして、下描きを並べて、お気に入りを選ぶ。版画は下絵と表裏が反転するが、反転してかまわない。

（ウ）　版づくり

　カタログや図書には、描く材料として、鉛筆・ボールペン・くぎなどが挙げられているが、食い込んだり、ささくれたりするので、油性ペンを推奨する。油性ペンに含まれる油脂がスチレンボードを溶かす性質を利用する。油性ペンは、先端が太かったり古かったりすると凹みにくいので、新品で先端が硬く、あまり太くないものがよい。太いものや細すぎるものや止める。中くらいの太さのものを、2種類くらい用意する。凹めばよいので油性ペンの色は関係ないが、子どもたちは色を変えて楽しんだりするので、色数を用意して自由に選ばせる。油性ペンで描くほかに、型押しなどをしてもよい。

　留意したいことは、「力を入れてゆっくり描くと喜ぶよ！」「描いた後に触ってでこぼこしていると喜ぶよ！」などと話して、確実に凹むようにする。でなければ、絵はきれいに描けても、凹みが少なければ刷ったときに絵が分かりにくくなる。版の絵も、下描きそっくりに描こうとすると勢いがなくなるので、下絵を見ながら写すことは避ける。下絵を全

く見ないか、見ても参考程度とする。

（I）刷り方

版画は、刷りで決まる。展示されている作品を見ると、インクが薄かったりなど、うまく刷れていない作品もある。子どもは大人が考えるようには刷れないが、保育者にはきれいに刷るための知識と技術が求められる。

・紙の選定

コピー用紙、厚めの上質紙、障子紙、表面が比較的滑らかな画用紙が向いている。

・インク

版画のインクには、水性・中性・油性がある。「スチレンボード版画」や次項の「紙版画」は水性が扱いやすい。理由は、汚れても簡単に落とせるからである。

・ローラー

版画ローラーには、天然ゴム製の「ゴムローラー（直径45mm×幅100mmで定価1,728円〔写真1-52、上の黒〕）と「スポンジローラー（直径40mm×幅100mmで定価885円〔写真52、右の白〕）、直径40mm×幅60mmで定価529円〔写真1-52、左の白〕、直径40mm×幅30mmで定価442円〕）がある。「スポンジローラー」は油性インクには不向きである。園児には、軽くて操作しやすい「スポンジローラー」が向いている。値段も安い。

「ゴムローラー」で刷っている園も、ときどき見かける。「ゴムローラー」でも刷れなくはないが、恐らく「スポンジローラー」がないか、「スポンジローラー」そのものを知らないのではないだろうか。

・インク練り板とインクの量

版画の刷りは、インクの量が鍵を握る。

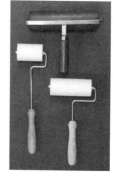

写真1-52　版画ローラー

第1章　発達を見通した造形活動の「描画材料」と「題材」を考えよう　*35*

子どもが、インクの量加減を判断するのは難しい。インクが少ないと、ぼやけた版画になる。逆に多いと、凹みにまでインクが入って、せっかく描いた線が見えなくなる。一枚目は、版自体がインクを吸うので薄くなる。

　インク練り板のインクの量は、保育者が頻繁に確認して調整・補充する。また、ローラーに付くインクの量のムラをなくするためには、ローラー全体を回転させなければならない。長さは直径の3.14倍なので、思っているよりも長く回さないと一回転しない。インク練り板のほぼ全体を使って、インク練り板自体のムラがなくならないと、ローラーのムラもなくならない。子どもには、「インク練り板のほぼ全体を使ってローラーを動かす」「ときどきローラーを浮かせ、インク練り板のムラがなくなるまで何度もローラーを動かす」ことを、実演しながら分かりやすく伝える。

・刷り方

　刷りは基本的に、バレンで刷る。バレンは、しっかり力を入れなければならないので、79頁のようにしっかり握る。ただし、スチレンボードは軟らかいので、バレンの角が当たったり、力を入れすぎると版が傷むので、正しい刷り方を教える。

　刷りは難しいことを伝え、難しい刷りに挑戦する気持ちを高める。その際、すぐにはうまく刷れないこと、失敗することもあること、何枚も刷ってみなければならないこと、お気に入りが刷れるまで何枚でも挑戦してよいことを伝える。

　刷るときは、「どうなるかな？」と期待を持たせる。版から刷り終えた紙を剥がすときは、「どうかな？」と話しながら期待を高める。そして、「おっっ！」「すごいね！」「やったね！」「いいね！」などと褒めて、刷った喜びを共有する。

　初めての場合は、不安もあるが期待もある。不安は、信頼している保育者に見守られ、支えられている安心感が払拭してくれるはずである。淡々と刷るのではなく、期待を持たせ、完成を喜び合い、雰囲気を盛り

・二色刷

　初めてのときは、小さなサイズの一色刷りでかまわない。二度目は大きなサイズ若しくは二色刷に挑戦したい。ここでは、簡単にできる二色刷を紹介する。

　まだ何も描いていない新しいスチレンボード全面に一色目（赤など）のインクを付けて刷ってから（ベタ刷り）、描いた版の二色目（緑など）を重ねる方法である。

　黒や紺色一色による刷りよりも、びっくりするような刷り上がりになる。1枚の紙を2回刷るので、紙がずれないようにしなければならない。版がちょうど入るように、刷り台の4か所にL字形の厚紙などを貼っておく必要がある。

　白い紙にベタ刷りする際は、インクの量が少なかったり、バレンでこする力が弱かったりすると、細かな白い点が無数に残る。刷ってみてよければよいが、うまくいかないときは、インクの量が少なかったのか、バレンのこすりかたが悪かったのかを考えて、うまく刷れるまで再挑戦させる。子どもが原因に気づかない場合は、保育者からアドバイスする。保育者の知識や技術が求められるゆえんである。紙やインクを余分に用意して、子ども自身がうまくいくまで挑戦することは、とても重要である。うまく刷れたときの喜びも大きくなる。

　ベタ刷りは、全員が同じように刷り上がるので、誰が刷ったのかが分かるように名前を書いておく。たくさん印刷すると、乾燥させる場所が必要になる。洗濯バサミを活用する（76頁参照）。ベタ刷りは、乾くまで一日かかるので、二色目の本刷りは翌日以降にする。

　写真1-53は、赤のベタ刷りの後に、緑で本刷りしたものである。この絵のように、シンプルでかまわな

写真1-53　二色刷り

い。無論、細かく描いてもかまわない。モノクロなので色は分からないが、黒や紺色一色と比べると感動的な刷り上がりとなる。子どもたちに、この感動を味わわせたい。

③　紙版画

　紙版画はハサミ（手でちぎってもよい）とのりが使えると可能なので、4歳頃や5歳頃には経験させたい。紙版画には、形を切って台紙に貼る「台紙版」と台紙に貼らない「切り取り版」の二種類が主である。「切り取り版」は台紙に貼らないので、好きな場所に置いて刷れる。「台紙版」は台紙ごと刷る。台紙版の台紙は、厚めの紙（ボール紙、黄ボール紙、板目紙など）がよい。切って貼る紙は、厚めの画用紙若しくはハガキ程度の厚さの紙でよい。

　「スチレンボード版画」でも述べたように、版画を作ることが目的であってはならない。テーマも、子どもなりの思いが込められていなければならない。

　孔版以外の版形式は下絵と表裏が反転するが、園児の場合は反転してかまわない。小学生くらいになると、トレーシングペーパー・トレース台・窓・カーボン紙などを利用して、下絵を反転させたほうがよいが、ここでは省略する。

　(ｱ)　「子どもに教えなければならないところ」と「子どもが主体的に取り組むところ」

「子どもに教えなければならないところ・やってみせるところ」

・紙の切り方と貼り方（紙を貼る順番、紙が剥がれないボンドの付け方）、インクの盛り方、紙の載せ方、刷り方、刷り終わった後の紙のめくり

写真 1-54　切り取り版

写真 1-55　台紙版

方、刷り終わった版画の置き方。

「子どもが主体的に取り組むところ」

・絵のテーマと下絵、紙を切って貼る、インク盛り、刷り。

　（イ）　紙を貼る順番

　紙版画は紙の段差が形になるので、大きな紙ほど下に貼る必要がある。顔の場合、顔の大きさに紙を切って貼ってから、目・鼻・口などを貼らなければならない。逆にすると、目・鼻・口などが隠れてしまう。

　この、紙を貼る順番は、保育者がお手本をやってみせるとともに、悩んでいる子どもには直接教える。ぶっつけ本番ではなく、練習してからでもよい。

　（ウ）　紙の貼り方

　紙を貼るのは、のりよりも少し水で薄めた木工ボンドを推奨する。接着力が強いからである。木工ボンドを付けるコツは、「①新聞紙の上などで木工ボンドを指でよく延ばしながら、貼る紙の裏全体に塗る」「②木工ボンドを付けた紙を貼るときは、雑巾で押さえる」の2点である。①の裏全体に塗る必要があるのは、ローラーを転がしてインクを付けるときに剥がれるのを防ぐためである。②の雑巾で押さえるのは、「手や指で押さえるよりも確実に押さえることができる」ことと、雑巾で押さえることによって「余分な木工ボンドが付いていた場合に雑巾が吸い取ってくれる」からである。また、雑巾があることで、手に付いた木工ボンドなどの汚れを拭くこともできる。

　子どもたちの貼る様子を見ながら、うまく貼れていたら褒めるとともに、必要に応じて支援する。少しずつ紙が貼られていくことによって、最後まで貼る意欲も高まり、集中して貼る。

　（エ）　刷り方

・紙の選定

　刷る紙は、あまり厚くない滑らかな紙が向いている。厚くない紙のほうが段差のところのインクも吸い取りやすく、滑らかな紙のほうがきれいにインクを吸い取れるからである。画用紙は目があって少し厚いので、

刷れなくはないが、どちらかと言えば向いていない。紙版画の場合は、コピー用紙若しくは障子紙でよい。

・インク練り板とインクの量

版画ローラーの動かし方とインクの量は、「スチレンボード版画」と基本的に同じである。

紙版画の場合は、版自体がインクを吸うので、最初は濃くならない。インクがなじむには、3枚〜5枚程度の試し刷りが必要である。

また、貼った紙は薄いので、紙の段差は極めて少ない。紙の段差が見えなくなるほどのインクを付けてはいけない。更に、段差の下にもインクが付くように、ローラーを下に強めに押さえながら、転がす必要がある。無論、保育者と同じようにできなくてかまわないが、コツは教えなければならない。

写真1-56は、「上が最初の刷りで、まだ薄いもの」、「真ん中は、数枚刷ってちょうどよいインクの濃さになったもの」、「下は、インクが多すぎて境界がつぶれたもの」である。このように、インクの加減は簡単ではない。刷り上がりを見て、インクの量の多少を判断し、調整しながらを刷ってみることが大切である。

子どもは、うまく刷りたいので、夢中になって取り組む。無論、保育者は子どもがうまく刷るための支援をしなければならない。

・刷り

刷りも基本的に、「スチレンボード版画」と同じである。ただし、「スチレンボード版画」は、描いて凹ん

写真1-56 インクの加減

だところ以外は平らなので、平らな面全体をバレンでこすればよい。しかし、バレンだと接地面が広いので、「紙版画」では細かな凹みまでこすることができない。そこで、バレンで刷った直後に、段差のきわの低いところを指先（素手若しくは軍手を履いて）やハンカチなどの布でこすって仕上げる必要がある。指先やハンカチなどの一部なら、バレンよりも接地面が小さいので、細かな凹みをこすることができる。バレンでこすっても出なかったところ（写真1-57）が、はっきりと出る（写真1-58）ようになる。インクの付いたところがきちんと出るのと、出ないのとでは大きな差がある。はっきりと出たときの感動は大きい。

写真 1-57　バレンのみで刷る

写真 1-58　バレンの後に指でこする

　うまく刷れるまで、子どもたちに挑戦させる。必要な支援をし、見守りながら、子ども自身がうまく刷れるようになることによって、子どもが成就感を実感できる。

　インクが版になじむには、5枚程度は刷らなければならないので、紙とインクを余分に用意して、子どもが納得するまで刷らせたい。

(3) 粘　土

　まず、粘土は「表3-3 教材「粘土」の全体構造（112頁）」及び「表3-4 教材「粘土」と発達の関連（113頁）」を押さえたい。

　粘土のよさを否定する保育者はいないのに、現場ではあまり活発に行われていない。「油粘土」を導入しているとの反論があるかもしれないが、「油粘土」では子どもがかわいそうである。後述するが、「油粘土」は硬くて操作しづらいからである。

第1章　発達を見通した造形活動の「描画材料」と「題材」を考えよう　41

「土粘土」が活発に展開されていない理由として、保育者自身が「土粘土」の実施に伴う労力を回避したり、実施するために必要な知識・技術を習得していないことが考えられる。「準備」「作品の保存」「焼成（土粘土の場合）」「活動後の片づけや掃除」など、「土粘土」の実施には大きな労力を伴う。更に、「粘土購入の経費」もかかるし、保育者には「焼成」などの知識・技術も求められる。

　子どもにおける「土粘土」の価値を認めるなら、保育者が「土粘土」の実施に伴う労力を回避してはならない。「焼成」などの知識・技術も、最初から習得している保育者はいない。勉強して、確実に身に付けるしかない。

表1-5　粘土と発達年齢

低 ←							年　齢							→ 高
・感触を楽しむ。	・いろいろ働きかける。	・じっくり操作する。	・対話して言葉と絡める。	・進んで模倣する。	・生活の中で、興味・関心あるものを表す。	・並べたり、組み合わせたりする。	・経験したこと、見たこと、聴いたこと、知っていることなどを表す。							
←				粘土遊び・自由制作			→							

①　粘土の種類

　子どもが最も自由に操作できるのが、「土粘土」である。どろんこ遊びから、作品づくりまで可能である。「紙粘土」は乾燥しても割れないので、ガラス瓶などを活用した花瓶づくりなどには適しているが、べとついて手が白く汚れたり、繊維が絡まって操作しづらい。「油粘土」は乾燥しないし、繰り返し使える。焼成も不要なので保育者の労力はかからないが、油っぽく、硬くて弾力があって操作しづらい。子どもが保育者から指示されて、「油粘土」をプラスチックケースから出して、操作しているのを見たことがある。子どもは、「油粘土」で一生懸命に遊んでいた。しかし、子どもは「土粘土」の扱いやすさ

を知らないので、指示された「油粘土」を操作するしかない。「『土粘土』だともっと生き生きと活動するに違いない」という気持ちと、「『油粘土』は、硬くて操作しづらい粘土である」ことを知らない子どもの気持ちを思うと、居たたまれなくなった。保育者は、何を根拠に「油粘土」を使わせているのだろうか。

「土粘土」「紙粘土」「油粘土」の中で、可塑性が一番高いのが「土粘土」であり、値段も、「土粘土」が一番安い。

子どもたちは、保育者が指示しない限り、「器」は作らない。「器」を作ってから絵を描く場合（下絵及び上絵）は、絵がはっきりと見えるように、鉄分の少ない粘土でなければならない。しかし、子どもたちは「器や絵付け」に関心がないので、鉄分の多い土粘土でかまわない。

たくさんの「土粘土」を用意して、できるだけ多くの回数を行いたい。園は予算が限られているので、安価な「土粘土」を探すしかない。野山や工事現場で「土粘土」を入手して精製すると労力だけで済むが、案外と大変である。そこで、レンガ製造工場や土粘土瓦製造業者から分けてもらうと、労力もかからないし、安価で済む。子どもたちは器を作らないので、高温で焼成する必要もなく、レンガや瓦の土粘土でじゅうぶんである。事情を話すと、協力してもらえる。

近くに、レンガ製造工場や土粘土瓦製造業者がない場合は、粘土製造業者・陶芸専門店・教材店から購入する。土粘土製造業者からコンテナ（4t＝20Kg×200袋）で買うのが一番安い。量が多いので数年間使うか、近隣の園と共同購入する。次に安いのが陶芸専門店。教材店の約半額で購入できる。筆者が陶芸専門店から購入している「テラコッタ粘土」は、20Kgで2,484円。教材店だと、10Kgで2,160円程度。

子どもの活動が活発になるほど、「土粘土」が必要になる。うれしい悩みである。予算が限られているので、必死になって安価な「土粘土」を探すしかない。安価な「土粘土」を探すのも、重要な教材研

写真 1-59　エアクレイ

究である。

　マシュマロのようにふわふわして軽く、触っても汚れない粘土に樹脂系の「エアクレイ」がある。「土粘土」が基本だが、1歳頃前後や2歳頃には「エアクレイ」を使ってもよい。「エアクレイ」は、新日本造形社扱いで、110g入りが定価267円。

② 「土粘土＝器＝施釉・焼成」の考えを捨てよう

　保育者に限らず、大人の「土粘土」のイメージは、「茶碗や花瓶などの器」である。茶碗や花瓶は水を入れて使うので、水漏れしないことが条件となる。そのために、釉薬を付けて、ガス・電気・灯油・薪などの窯で高温焼成しなければならない。

　園の子どもたちは、基本的に「土粘土遊び」である。具体的な形を作れるようになるのは4歳頃からである。4歳頃以降に、茶碗や花瓶やコップなどの器を作らせると作るかもしれないが、子どもたちは「食べ物・乗り物・身近な人・動物など」には興味を示しても、「器」には興味を示さない。作品を作らないで、「土粘土」をいじって終わってもかまわない。自由に「土粘土」と関わらせたい。いじると痕跡が残り、形が自由に変化するのが「土粘土」の最大の長所である。痕跡や形からイメージが触発されることも少なくない。

　また、いきなり作品をつくるよりも、最初は「土粘土」を手や丸棒でたたいたり、机にたたきつけたりするとよい。「土粘土」が軟らかくなるだけではなく、子ども自身も身体を動かしながらウォーミングアップできるからである。

③ 「子どもに教えなければならないところ」と「子どもが主体的に取り組むところ」

「子どもに教えなければならないところ・やってみせるところ」

　・技術的な支援（ドベによるくっつけ方、倒れたり陥没しない方法など）。

「子どもが主体的に取り組むところ」

　・自由にいじったり、作ったりする。

④ 「土粘土」の軟らかさ

　どろんこ遊びの場合は、水をたくさん加えて軟らかくする。通常の「土粘土」に触るのに抵抗がある場合は、布の上から触らせたり、乾燥した小石状や

粉末状の粘土でもよい。乾燥した「土粘土」に、水を加えると変化することを体験させてもよい。形ある作品を作る場合は、耳たぶ程度の軟らかさが適している。耳たぶ程度でも、微妙な水分量によって硬さが変化するので、子どもの握力などに合わせて練り直す労力を惜しんではならない。子どもにとって、最も操作しやすい硬さでなければならない。

また、小さな「土粘土」を長い時間触り続けると、手の熱が「土粘土」の水分を奪って、ぼろぼろになってくる。そこで、水を含んだ雑巾を広げて置かせ、手や「土粘土」が乾いてきたら、雑巾に「こんにちは！」と言いながら、両手を広げてたたかせると両手が濡れてやりやすくなる。

⑤　活動場所

どろんこ遊びの場合は、暑い時期に屋外で行いたい。「土粘土」を自由にいじる場合は、床と机が考えられる。床の場合、ブルーシートだとシワができたり、滑りやすい。ブルーシートの上に三六判（約90cm×180cm）のシナベニヤを、折りたためるように3枚（3畳相当）ガムテープで貼り合わせる。ふだんは畳んで保管し、使うときに広げる。2～3組用意すると、広い場所が確保できる。シナベニヤを敷くと、シワのない平らな面となる。水を多少吸うので、滑りにくい。

机の場合は、大きく安定した木製の机で直接活動させる。ただし、水を吸わない天板の机はよくない。水を吸わない天板だと、土粘土が滑ったり、くっついてはがれなかったりしてやりにくい。かといって、粘土板の上では、狭いうえに動くのでやりにくい。大きく安定した木製の机がない場合は、個人用の机を4つ程度並べて、三六判のコンパネを敷き、動かないように数カ所ガムテープで留める。そして、粘土板を使わせないで、広いコンパネの上で直接活動させる。

床に敷くシナベニヤ及び机に敷くコンパネは、子どもがケガをしないように角にヤスリをかけておく。

⑥　道具類

通常大人が使う粘土ベラ類は、手でできないところを仕上げるものが多い。子どもは、そのような使い方をしない。思い切ってたたくための「丸棒」、模

様などを描くための「ペン（筆者は「粘土のペン」と名付けている）」、「土粘土」を切るための「切り糸」、型押しするための「部品類（電器製品のつまみ、パイプ、水道の蛇口など）」、くし模様をつけるための「くし」、「太いロープ」などに興味を示す。さまざまな物が道具になる。子どもは陶芸家ではないので、陶芸家が使う道具にとらわれることはない。オモチャ類も道具になる。

「丸棒」は、市販の「粘土のべ棒」を買わなくても、ラワンの丸棒を購入して切れば安くできる（写真1-60、直径25mmと30mm×長さ40cm）。

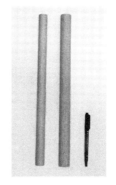

写真1-60　丸棒

「粘土のペン」は市販していないので、ラワンの細い丸棒を購入して、切ってから先端を鉛筆状に削ればよい（写真1-61、小：直径5mm×長さ14.5cm、大：直径15mm×長さ18cm）。

切り糸は、「切り針金」や「しっぴき（切り糸）」として市販されているが、丈夫な糸とPPロープなどで作るとよい（写真1-62、坪糸使用、糸の長さ18cm）。

写真1-61　粘土のペン

⑦　ドベ（土粘土用のり）

「土粘土」は粘りがあるので、作っているときは「ドベ」を付けなくても「土粘土」どうしは一見くっつくが、乾燥すると簡単に取れてしまうことが多い。「ドベ」とは、使用する「土粘土」に水を加えてのり状にしたもので、「土粘土」どうしをくっつけるときに使う。水のような「ドベ」を使っているのを見たことがあるが、使う「土粘土」との水分差が多いと、くっつかなかったり、割れたりする。市販ののり程度の軟らかさにする。

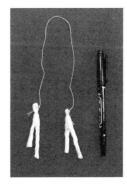

写真1-62　切り糸

「ドベ」の使い方は、くっつけたいところに硬めの筆（油絵用など）で「ドベ」を塗り、その上に「土粘土」を載せて、軽く圧着する。「ドベ」は、多く付ける必要はない。

年長くらいになったら、「ドベ」の使い方を教えてもよい。そのときは、「ドベ」よりも「粘土ののり」のほうが分かりやすい。年長以前は、「ドベ」でくっつけることに意識が向きすぎても困るので、「ドベ」を使わせる必要がない。作品が完成した当日に、子どもが帰園してから保育者が点検する。取れそうなものがあったら静かに剥がし、「ドベ」を塗って圧着する。後日、子どもに付け直したことを言う必要はない。

⑧　焼成方法

子どもは器を作らないので、釉薬を付けて、高温で焼く必要はない。釉薬を付けると丈夫にはなるが、釉薬のガラス質で覆われると、作品の表面にラッカーを塗ったような感じになり、せっかくの作品の表情を消してしまう。釉薬を付けない焼成が望ましい。ただし、子どもが器を作ったときは、水漏れしないように施釉して焼成しなければ意味がない。保育者には、焼成方法に対する幅広い知識と技術が求められる。

備前焼のように、薪窯を使って無施釉で焼くと、丈夫で、窯変のためにさまざまな表情の作品に焼き上がる。この焼成が理想だが、本格的な窯がないとできない。そこで、簡単に焼成可能な「野焼き」を推奨する。「野焼き」でも「木を使う方法」だと、急激な温度の上昇を避けるための工夫などが要るので、その心配がない「もみ殻を使う方法」を紹介する。焼く作品の量に合わせて、焼く場所の広さが簡単に調整できるのも長所の一つである。

作品を焼くときに避けなければならないのは、急激な温度の上昇である。水分が抜けるときと「土粘土」が焼き物に変わるときは、特に注意が必要とされる。この点、もみ殻は空気の通り道がふさがれ、酸素がうまく供給されないので、急激に燃えることがない。よって、温度が急上昇する心配がない。

もみ殻による簡単な焼き方を理解すると、「本格的な窯がなければならない」「釉薬を付けて焼かなければならない」という、保育者の心配は解消される。

第1章　発達を見通した造形活動の「描画材料」と「題材」を考えよう　*47*

ア　「もみ殻による野焼き」のやり方

(ア)　「① 焼成場所（写真 1-63）」

　土の地面に直接だと、湿気もあって温度も低いので、ブロックを敷き詰める。ブロックの数によって、広さは自由に調整できる。杭は、もみ殻が風で飛ばないように腰板を挟むためのものである。ブロックの縁取りも、もみ殻がこぼれ落ちるのを防止するためである。

(イ)　「② もみ殻を敷き詰める（写真 1-64）」

　ブロックにじか置きだと作品の温度が上がらないので、もみ殻を 10cm ほどの高さに敷き詰めて、作品が置きやすいように平らにする。焼成を始める時は、保護者にも見学を呼びかけたい。

(ウ)　「③ 作品を置く（写真 1-65）」

　子どもたちに、もみ殻の上に作品を置かせる。もみ殻の外側は、風でもみ殻が飛ぶことも考えられるので避ける。作品は、中央に密集して置かせる。そのほうが、熱が籠もって温度も保ちやすい。

(エ)　「④ 火を点ける準備（写真 1-66）」

　作品を置いた後、作品の上をもみ殻で覆う。もみ殻は木のように硬くないし、細かさが力を分散するので、もみ殻を大量に載せても作品が壊れることはない。温度はゆっくり上昇するにこしたことはないので、できるだけ多くのもみ殻で覆う。作品が隠れる程度では足りない。作品の大きさにもよるが、1m くらいの高さには積み上げたい。

　頂上部分を少し平らにして、着火用の新聞紙を置いてから、子どもたちと拾ってきた枝を新聞紙の上に載せる。新聞紙の近くに細い枝、その上に少し太い枝を載せると、枝が確実に燃える。

(オ)　「⑤ 点火直後（写真 1-67）」

　子どもたちに「うまく焼けますように！」とお祈りをさせながら、点火する。新聞紙や枝が燃えるときは、炎が少し出る。新聞紙や枝が燃えた後は、燃えた後の枝が種火となってもみ殻がいぶり続ける。煙は少し発生するが、炎は発生しない。新聞紙や枝が燃えるときは、炎も大したことがないので、消防署に届ける必要もないと思われる。園庭などで焼

成しても危険なことはないので、市内の園でも安心して焼成できる。

（カ）「⑥燃焼後（写真1-68）」

だいたい、一晩で燃焼が終わる。もみ殻の一部は炭化して黒くなるが、多くは灰になるので、燃やす前のもみ殻の量よりもずっと少なくなる。燃焼が終わっても、作品がかなり熱いので取り出すことはできない。この状態も、子どもたちに見せたい。

（キ）「⑦「作品の取り出し（写真1-69）」

焼いた日の3日後くらいになると作品の温度も下がるので、取り出すことが可能になる。

作品を取り出す時も保護者に見学を呼びかけ、子どもたちといっしょに期待を持って取り出したい。ただし、風が強いと目や鼻や口に灰が入るので止める。風がなくても、取り出すときはマスクをさせる。

もみ殻の燃えかすは、貴重な肥料になるので、クラスの花や野菜の栽培に活用する。

（ク）「⑧「作品の取り出し（写真1-70）」

取り出した作品を並べ、うまく焼けて、びっくりする作品に変身したことをみんなで喜びたい。拍手喝采！このときに壊れている作品があったら、「後でうまく直せるから心配しないでね！」と伝えて、安心させる。作品の修理は次項、作品の保存は75-76頁参照。

イ 「もみ殻による野焼き」は、子どもと保護者もいっしょにできる

保護者は園に対して積極的に協力してくれるので、確保したい「もみ殻」の量と期限を伝えて、遠慮なく保護者に依頼したい。保護者が難しい場合は、保育者が集める。

ブロック類の確保も、保護者に依頼する。ブロック類の上にもみ殻を敷くので、壊した塀などのブロックなどでもかまわない。保護者が難しい場合は、保育者が集めるか、ホームセンターで購入する。

焼成前に、子どもたちと種火になる枝を集める。木が生えている場所に出かけて、枯れ枝を集めるのは楽しい活動である。また、子どもたちと焼成するとき、焼成後に子ともたちと作品を取り出すときも、保護者

第1章 発達を見通した造形活動の「描画材料」と「題材」を考えよう　49

写真 1-63　①ブロックを敷き詰めた焼成場所

写真 1-64　②ブロックの上にもみ殻を敷き詰める

写真 1-65　③もみ殻の上に作品を置く

写真 1-66　④もみ殻で覆って新聞紙と枝を載せる

写真 1-67　⑤点火直後

写真 1-68　⑥燃焼完了直後

写真 1-69　⑦作品の取り出し

写真 1-70　⑧取り出した作品

に見学を呼びかける。保護者が園の活動を理解するよい機会となり、家庭で子どもと保護者の会話が弾む材料にもなる。

　火は、人間にとって神聖なものである。陶芸家が火入れするときは、御神酒を供え、置き塩をして祈る。園での点火時も、「うまく焼けますように！」と声を出しながら、お祈りをさせたい。

　点火後は、どうなっているかをときどき子どもたちといっしょに見る。経過を見ることも大切である。作品を取り出すときは、作業になってはいけない。期待を持たせ、新しい命が吹き込まれた作品への感動を共有しながら、取り出したい。

⑨　壊れた作品の修理方法

　子どもに限らず、土粘土の作品は「完成直後」「移動時」「焼成時」「焼成後」などに壊れることがある。粉々に壊れた場合（作品の中に空気が入っていると、まれに焼成時に爆発して、粉々になることがある）は修理が難しいが、それ以外は簡単に修理できる。せっかく作った作品が壊れると、子どもががっかりするので修理する。ただし、壊れても修理できないこともあるので、子どもにはうまく伝えておく。

　土器などの修理は、石こうを使うことが多い。石こうは固まるまで時間がかかるので、向いていない。瞬間接着材は磁器などには向いているが、焼成温度の低い野焼きの作品には不向きである。万能接着剤や混合タイプの接着剤も、くっつくまでに時間がかかるので扱いにくい。

　扱いやすいのは、熱溶融形接着剤を温めて接着するタイプである（写真1-71、接着剤の直径7.5mm）。商品名は「ピタガン」「ホットグルーガン」「ホットボンド」「グルーガン」などで、熱溶融形接着剤の口径が数種類ある。値段は、千円前後が多い。

　瞬間的にくっつけることができるので、焼成後に修理する。150度前後の熱溶融形接着剤が、ノズルの先端から出てくる。温度が高いほど粘りがなくなってくっつ

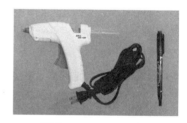

写真1-71　ピタガン

第1章　発達を見通した造形活動の「描画材料」と「題材」を考えよう　51

けやすいので、素早くくっつける。まごまごしていると、せっかく絞り出した
接着剤の硬化が進み、くっつけにくくなる。

　この熱溶融形接着剤は、接着はもちろん、隙間も埋めることができる。その場合は、一度に埋めずに数回に分ける。はみ出した場合は、樹脂なのでカッターナイフで削ることができる。削って表面を整えた後に、着色することもできる。

　熱溶融形接着剤による接着は、木材・布・紙・皮革・金属・陶器・ガラス・プラスチックなどにも向いている。ただし、ゴムには向いていない。新しい接着剤なのでまだ広く知られていないが、いろいろなものを瞬時に接着できる優れものである。ガンを握りながら、人差し指を伸縮すれば接着剤がでるので、年長クラスくらいの子どもには常備したい。消費電力は10W程度なので、1つのテーブルタップに数個つないでも問題はない。ノズルの先端から出る溶けた接着剤は熱いので、触らないように注意する。間違って触っても、熱いので子どもはすぐに離す。やけどをすることも考えにくい。

　子どもが接着するときは、のり・木工ボンド・セロテープ・ガムテープ・両面テープ・ホッチキスなどが多く使われるが、この「熱溶融形接着剤（ピタガンなど）」も使わせたい。

(4) 工　作

　ここでは、作った後に遊べるものを紹介したい。作ることも大事にしたいが、それ以上に、作った後での遊びを積極的に展開したい。

　工作は、いろいろなものが考えられる。しかも、さまざまな材料や道具を使うので、使える材料や道具に規定される。ただし、保育者が考えるような完成度を求めてはならない。少しでも使える材料や道具を、積極的に使わせたい。

　4歳頃以降になると、ハサミの使い方もうまくなるので、いろいろな工作に挑戦させたい。4歳頃以前も、描いたり、貼ったりなどができるので、発達年齢に応じた工作に積極的に取り組みませたい。

表1-6 工作で使われる材料・道具と発達年齢

```
低 ←――――――――――― 年　齢 ―――――――――――→ 高
・描く（マーカー、クレヨン、筆、サインペン、鉛筆、ボールペン）
 ・貼る（シール、セロテープ）
   ・飾る（のり、ボンド、両面テープ、ガムテープ、ホッチキス、ピタガン、
        金づち）
        ・切る（ハサミ、ペンチ、のこ）
             ・組み立てる
                  ・塗る（固形絵の具、水彩絵の具）
```

① 動くオモチャ

「動くオモチャ」は、平らな紙にひもを付けて引いて遊ぶものから、動力のある自走式まで、多様に考えられる。

一番簡単なものは、厚紙や段ボールに好きなものを描いたり、シールや写真などを貼る。その後に、ヒモを付けて、引いて遊ぶ。

次の段階は、お菓子などの空き箱を利用して、乗り物などにする。空き箱に直接又は好きな紙を貼ってから、描いたり、飾りを付ける。ヒモを付けて、引いて遊んだり、車輪をつけて押してもよい。車輪は、トイレットペーパーなどの芯、ペットボトルやフイルム容器のキャップなどが考えられる。飾りでくっつけるだけでもよいし、竹串などを使って動くようにすることもできる。

組み立ては、空き箱などを利用しないで立体的に作るものである。押したり、引いたり、自走したりなど、発達に応じてさまざまな作り方が可能であ

表1-7 動くオモチャの構造と発達年齢

```
低 ←――――――――――― 年　齢 ―――――――――――→ 高
・引いて遊ぶ        ・押して遊ぶ          ・自走式
簡単 ←―――――――――― 構　造 ――――――――――→ 複雑
・厚紙            ・空き箱の利用        ・組み立て
（絵を描く）       （絵を描く）         （車輪を付ける）
（シールを貼る）   （紙・シールを貼る）   （いろいろ飾る）
```

る。

　写真1-72は、厚紙で立体的に作ってから、ヒモを付けて引いて遊ぶ「カメ」である。「カメ」は、クラスでカメを飼育し、みんなの友達になっているときに、「カメさんの友達を作ってあげない？」と提案して、作ったものである。

　写真1-73は、空き箱にフイルム容器のキャップのフタに竹串を通して、車輪を付けたものである。

　写真1-74と写真1-75は、四角い段ボールの下に、段ボールよりも一回り大きいビニール袋を空気が逃げないようにセロテープで留めて、真ん中に直径5cmくらいの穴を開けて付けてから、飾りを施した「ホバークラフト」である。10cmほど持ち上げて、何度も床をたたくと、開けた穴からビニール袋に空気がパンパンに入る。そして、床をなでるように押し出すと、「ホバークラフト」のように滑っていく。その滑りは、意外で、びっくりする。遠くにやろうと力むと、あおられてあまり遠くに行かない。競争が始まると、必死になって練習する。そして、コツをつかんでいく。

　写真1-76と写真1-77は、輪ゴムを利用した自走式である。スチール製の空き缶を、輪ゴムで紙皿に付けるのが難しい。5歳児クラスなら、挑戦させたい。紙皿への飾りは、自由である。描いても、貼っても、くっつけてもよい。空き缶を回転させると、輪ゴムがねじれて力がたまる構造である。何回もねじってから静かに置くと、ねじった分だけ戻りながら進む。前に進めるつもりでも、置き方によっては逆走する。競争するときは、思わぬ逆走でハプニングが起こるのもおもしろい。

　完成後の遊び方も、子どもたちはいろいろアイディアを出すので、可能な限り採用して、楽しみたい。

　また、発展として、道・駐車場・建物・信号・街路樹などの街並みも作ることができる。子どもから提案されることもあるし、きっかけを作るといろいろなアイディアが出て、どんどん膨らんでいく。保育者はある程度予想して、材料を用意したい。

写真1-72 組み立てたカメ

写真1-73 車輪付バス

写真1-74 色画用紙を貼ったホバークラフト

写真1-75 折り紙などを貼ったホバークラフト

写真1-76 輪ゴムを使った自走式

写真1-77 輪ゴムを使った自走式(構造)

ア 「子どもに教えなければならないところ」と「子どもが主体的に取り組むところ」

「子どもに教えなければならないところ・やってみせるところ」
・動かす仕組み（ヒモ、タイヤ、動力〔ゴム〕の作り方や付け方）、動かし方。

「子どもが主体的に取り組むところ」
・形、絵、装飾、遊び方。
・発展として～道・駐車場・建物・信号・街路樹などの街並み作りなど。

② すご～く回るコマ

コマに絵を描いたり、シールなどを貼るだけなら、1歳頃からでも可能な題材である。しかし、この題材は作った後に回して遊びたいので、コマ回しができなければならない。よって、4歳頃以降に向いている。CDにビー玉を付けるのがやや難しい4歳（年中）頃は、ビー玉を付けたCD（写真1-78）を渡して、絵や装飾に自分らしさを発揮してもらう。多くの枚数のCDに、セロテープでビー玉を付けるには時間を要するので、「写真1-71」で紹介した「熱溶融形接着剤（ピタガン）」がよい。

5歳（年長）頃になると、CDにセロテープでビー玉を付けることにも取り組ませたい（写真1-79）。絵や装飾は、簡単なものから精密なものまで可能であるので、小学生、中学生、高校生、大学生、大人まで楽しめる題材でもある。

写真1-78 ビー玉を付けたCD

写真1-79 CDに描画してビー玉をセロテープで留める

年中や年長は、「マッキー」や「ポスカ」で絵を描いたり、シールや紙などを貼ってもよい。参考までに、小学校高学年以降に精密画を描く場合は、「ボールペン」などでもよい。

このCDを利用したコマは、驚くほどよく回る。想像を越える長い時間の回転に、子どもは感動する。CDにビー玉を付けただけの、シンプルな構造である。粘土・水・砂などが、それだけで子どもをひきつけるように、シンプルな素材は懐が深い。

1つ作って終わるのは、もったいない。子どもに呼びかけると、2つ、3つと意欲的に作る。

　ア　「子どもに教えなければならないところ」と「子どもが主体的に取り組むところ」

「子どもに教えなければならないところ・やってみせるところ」

・ビー玉の付け方（ただし、子どもが付ける場合。）、コマの回し方。

ビー玉をセロテープでCDに付けるときは、「図1-1」のBように、ビー玉との隙間がないようにセロテープを貼らないとビー玉がつまみにくく、回しにくくなるので注意させる。かつ、クロスに貼ると、取れにくいこ

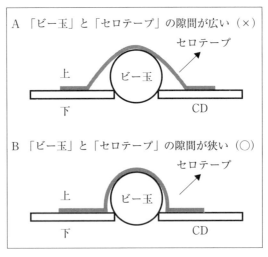

図1-1　ビー玉の付け方

とも教える。

「子どもが主体的に取り組むところ」

・絵や装飾、遊び方、駐コマ場など。

　大人の発想は、つい、CD の白い面に絵や装飾を考えがちである。しかし、記録面の細かな溝が虹色に輝くので、このきれいな輝きを生かして、記録面に絵や装飾をしてもかまわない。「白い面」と「記録面」のどちらにするかは、子どもに決めさせる。自己決定の場面は、多いに越したことがない。

　描画材料は、「白い面」は水性でも油性でもよいが、「記録面」は油性が適している。よって、「白い面」は筆で色を塗ることも可能であるが、「白い面」と「記録面」の両方に対応するために、「マッキー」や「ポスカ」を推奨する。「ポスカ」には、溶剤と顔料を撹拌するための小さなボールが入っているので、「上下に振って、カチカチさせてから塗ると喜ぶよ」などと話して、振って音が出るのを確認してから塗ることを習慣化させる。

　遊び方は、子どものアイディアを積極的に生かしたい。個人戦、グループ戦、総当たり戦（リーグ戦）、勝ち抜き戦（トーナメント戦）など、いろいろな対戦の仕方がある。対戦結果用のカードなども子どもに作らせたい。作ったその日だけではなく、飽きるまで何日でも続けたい。子どもは勝ちたいので、一生懸命に練習する。コマが長く回るためのコツを、みずから体得していく過程が大事である。挑戦である。力の入れ加減やコマを落とす方向などを試行錯誤しながら、体性感覚を働かせて実感しながら覚えていく。目に見えて上達する。充実感がある。

　自分の「コマ」の保管場所を、子どもに呼びかけて作らせてもよい。封筒を利用したり、色画用紙などで作る。駐コマ場である。駐コマ場にも、絵や装飾を施す。そして、取り出しやすい教室の壁面に、全員分をまとめる。遊ぶときに持ち出し、終わったら戻す。自宅で練習したい場合は、持ち帰る。

　子どもは盛り上がると、保育者の予想を越えた発想（提案）をする。

子どもの声を逃すことなく、積極的に採り入れて、発展的に取り組みたい。子どもは、自分たちのアイディアが生かされていくと、自信を深める。保育者自身も、子どもといっしょになって、発展を楽しみたい。

(5) 共同制作

ここでは、1歳頃～3歳頃の子どもが、床や壁の大きな紙にみんなで描く活動などは「共同制作」には扱わない。大きな壁面をみんなで埋めることはあってもよいが、埋めるだけでは真の共同制作と言えないからである。

また、4歳頃～5歳頃でも、子どもたちに手伝わせて、保育者が考えたとおりの大きな作品を作っても、「共同制作」とは言えない。183-184頁でも述べるが、大きな「コイのぼり」の共同制作で、保育者が用意した「ウロコ」形の紙に模様を描かされて、指定した場所に貼らされる活動を見たことがある。まさに、「やらせられている」活動で悲しかった。保育者が考えたとおりの作品が完成し、屋外になびかせ、さぞかし保育者たちは満足したことであろう。子どもの活動は、「模様を描く」ことのみだった。「貼る場所」も決められていた。子どもが自己決定したり、考えたり、相談したり、工夫したりする場面は皆無だった。大人が考えてお膳立てした作品に、子どもが手伝わされたに過ぎない。子どもの姿を借りた、大人の世界である。このような「共同制作」は特別ではなく、それなりに行われていると思われる。

仲間との話し合いもできるようになる5歳頃になったら、「個人制作」とは別に「共同制作」をきちんと位置付けて、積極的に展開したい。

「共同」である以上、みんなで相談し、みんなで力を合わせることが伴わなければならない。相談しながらアイディアを出し合って、みんなで考えることは楽しい。協力して制作することも充実感がある。「共同制作」を通して、お互いの考えや表現から学び合うことができる。自分との違いも、知ることができる。

① 森の仲間

この題材の特徴は、年間を通して、動物を折り紙などで作ることにある。毎日の活動で、時間が足りないこともあれば、余ることもある。まとまって何か

第1章　発達を見通した造形活動の「描画材料」と「題材」を考えよう　59

をやるには時間が足りないが、何もやらないのはもったいない中途半端な時間が空くことも少なくない。

　そこで、少しだけ時間があるときに、1年間かけて、動物を折り紙などで作って保存する。子どもの生活と関連づける必要があるので、日々の散歩で見つけた動物、動物園で見かけた動物、園や家で飼育している動物などを作りたい。折り紙で折る場合は、セミ、カタツムリ、テントウムシ、ウサギ、フクロウなどの簡単なものを選ぶ。そのためには、保育者自身が折り紙で簡単に折れる動物を知っていなければならない。

　折り方を知らない子どもが多いと思うので、保育者が丁寧に教える。折り方が分かる工程の図解も用意したい。折り紙を折るだけなので、子どもの主体的な活動はあまり確保されない。それでかまわない。レパートリーを増やしていきたい。独りで折れるようになると、好きな色の折り紙を選んで、たくさん折らせる。目や模様などが必要な場合は、油性ペンなどで描くことを奨励する。折り紙で難しい動物は、色画用紙などに描いてハサミで切る。

　折ったり、作ったりした動物は、個人ごとに空き箱を用意して保存させる。増えていくのも楽しみである。折ることによって、指先が器用になるとともに、動物への思いも膨らむ。

　折り紙がだいぶたまった1年が終わる頃に、グループに分かれて相談し、大きいな紙に森の絵を描く。大きな木を1〜3本くらいでもよいし、たくさんの木が生えていてもよい。道や池や川や花があってもよい。上から眺めた森でも、横から見た森でもよい。季節も問わない。グループで話し合って、自由に表現させる。

　森の絵が完成したら、今まで作ってためた動物の折り紙などを、両面テープで森の絵の好きな場所に貼ることを伝える。

　子どもたちは、ここで初めて、森と動物が合体することを知る。動物を貼りながら、イメージが膨らみ、意欲的に動物を貼る。折り紙の動物が足りなければ、みんなで折る。大きな動物は、折り紙では難しいので、色画用紙・厚紙・段ボールなどに描いてから切り抜いて貼る。

　たくさんの動物が貼られた森の絵は、にぎやかで楽しい。そして、自分たち

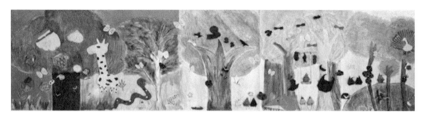

写真 1-80 森の仲間（全体）

 ががんばって折ってきた動物が変身したこと、森の絵の上で生き生きしていることに充実感いっぱいになる。
 写真 1-80 は、全判画用紙を縦に 5 枚つなげたものである（横 3,940mm×縦 1,091mm）。キリンやヘビは折り紙ではなく、色画用紙で作っている。写真 1-81 は、ため込んだ動物折り紙の一部。写真 1-82 は、完成した「森の仲間」の絵の一部。

写真 1-81 動物折り紙の一部

写真 1-82 森の仲間（部分）

　　ア 「子どもに教えなければならないところ」と「子どもが主体的に取り組むところ」
「子どもに教えなければならないところ・やってみせるところ」
　・折り紙の折り方。折り紙の貼り方。
「子どもが主体的に取り組むところ」
　・折り紙の選択、折り紙への模様描き、どんな森にするかの話し合いと森の絵の制作、折り紙以外による動物づくり、折り紙などを貼る場所。

第1章　発達を見通した造形活動の「描画材料」と「題材」を考えよう　*61*

②　運動会

　運動会は、園の大きな行事である。運動会に向けて、たくさんの練習もする。子どもが自主的に練習することもある。家族や先生や仲間などに見守られながら、一生懸命に取り組み、充実感を得られる行事である。子どものひたむきな姿は、見守る人に感動を与える。

　このような運動会の、集団種目（集団演技や集団競争）を共同制作に取り上げたい。ここでは、「綱引き」を紹介する。

　まず、導入で運動会の当日を思い出し、そのときの思いを発表しあう。イメージを広げ、そのときの気持ちを共感的に再確認する。更に、「綱引き」が行われた場合は、当日を再現するようなやり取りに心がける。盛り上がったところで、「綱引き」の絵をみんなで描くことを提案する。そして、11 頁のハンディロール（幅 785mm 若しくは 545mm）を、教室や廊下に長く伸ばして敷く。

　まず、ロープを中央に長く描く。次に、どのように描くかを子どもたちに相談させる。「当日を再現して、紅白に分かれて描く」という意見が出やすい。そこで、「そのように、描こう！」と伝えると、子どもたちはそれぞれ配置について、自分が必死にがんばっている姿を描き始める。

　大きな紙なので、共同制作用の絵の具（ポスターカラー）を用意する。下描きは、鉛筆でかまわない。鉛筆で描いた線の上をなぞる描画材料はいろいろ考えられるが、ここでは油性のクレヨン・クレパスが水性のポスターカラーをはじく性質を利用して、クレヨン・クレパスで強くなぞらせる。油性ペンでもよい。ポスターカラーは、水で薄めて塗らせる。

　写真 1-83 は、完成した絵の片方の組である。実際は、もう片方の組もあるので、倍の長さがある。当日の綱引きを再現したいので、いっしょに引いた全員で描く。クラスの人数が多く教室では無理なときは、廊下や遊戯室を使う。ハンディロールは長さが 30m もあるので、じゅうぶんに足りる。必要な長さに切って使う。

　完成したら、運動会当日の綱引きでのがんばりと、とてもすてきな綱引きの絵が完成したことを子どもたちといっしょに喜ぶ。事後に、そのときの思いを

写真1-83 綱引き（部分）

追体験できることが、表現（造形表現）のよさでもある。

　ア 「子どもに教えなければならないところ」と「子どもが主体的に取り組むところ」

「子どもに教えなければならないところ・やってみせるところ」

・綱の描き方（紙の中央に長く描く）、下描きの方法（鉛筆で描いてから、クレヨン・クレパスで強くなぞる。又は、油性ペンで描く）、絵の具の塗り方（薄め方、大きな面積を塗るときは刷毛を使ってもよいなど）。

「子どもが主体的に取り組むところ」

・並び方や描き方の話し合いと制作、自分のがんばっている姿、綱引き以外の表現（応援している人、万国旗など）。

③ 物　語

　物語の絵を「絵本」で取り上げている園は、多いと思われる。絵本は子どもが自由に見る場合もあるが、保育者が読み聴かせする場合が多いのではなかろうか。絵本の読み聴かせの場合、子どもが登場人物に感情移入することができて、絵本を貫いている普遍的なテーマに触れることが重要である。絵本の選定にあたっては、絵のきれいさや表面的なおもしろさなどではなく、「人間にとって大事な普遍的なテーマ」であるかが問われる。

　絵本の選定に当たっては、その絵本のテーマを確認しなければならない。新しい絵本か、古い絵本かは関係ない。「普遍的なテーマ」を確認できたら読み聴かせて、子どもの反応をみる。そのうえで、その絵本が子どもの発達に合致しているかを判断する。絵本に関する図書が刊行されてきているが、「テーマ」の吟味が重要である。無論、難易度は考えなければならない。いずれにしても、各発達でどのような絵本がふさわしいのかを、絵本の教材研究を通して追

第1章　発達を見通した造形活動の「描画材料」と「題材」を考えよう　63

求していかなければならない。

　中山ももこは、「子どもたちのイメージがふくらむ内容であること」を第一条件に挙げている。[2] どのような絵本が「イメージがふくらむ」のかの説明はないが、「テーマ」との関連があるはずである。

　絵本の読み聴かせ方も、工夫が必要である。淡々と読むのもよくないし、オーバーアクションになってもいけない。特に、保育者がオーバーアクションすると、子どもは絵本よりも保育者のオーバーアクションに意識が向いてしまうので、注意が必要である（152頁参照）。

　また、絵本は読み聴かせて終わってもよいが、せっかく子どもの感情を揺さぶったなら、そのままにしておくことはない。絵などで表現させるべきである。実際に描かせてみると、揺さぶられた感情をそのままに表現する。その生き生きした表現に、心打たれる。

　以下、中山ももこの『森は生きている』の実践を紹介する。[3]

　この実践では、繰り返しの読み聴かせによって、子どもたちがストーリーや登場人物をきちんと理解できている。そして、子どもたちが話し合いながら、発表会の劇を作り上げている。

　劇ではややもすると、保育者が種目・台本・大道具・小道具・バック絵・配役などを決めがちだが、子どもと話し合いながら決めていくことはとても重要である。共同制作でも、話し合いは不可欠である。

写真1-84　『もりはいきている（表紙）』

写真1-85　『もりはいきている（一部）』

・何度も読み聴かせている

　絵本を重視し、同じ絵本を 20 回程度読み聴かせている。その結果、内容を覚えて、いっしょに読んだりしている。絵本の貸し出しや親子読書も積極的に行っている。

・話し合いで決める

　「ひなまつりかい（生活発表会）」で発表する劇を何にするかを、みんなで話し合って決めている。このときは、『オズの魔法使い』と『森は生きている』が候補になり、多数決で同数になる。そこで、それぞれ理由を出し合い、先生も意見を述べている。先生が、『森は生きている』は相当がんばらないとできないと伝えたが、子どもたちは全員一致で、難しいことに挑戦することを決めている。

　大道具・小道具・バック絵なども、アイディアを出し合いながら、協力して作っている。台本も、場面ごとに話し合って決めている。「若い月たちの歌」のバック絵も、共同制作している。

・発表会で演じた劇を共同制作につなげている

　まず、自分が演じた役を紙粘土で作っている。次に、身体の部位を確認しながら、紙版画を作っている。そして、メインの「紙芝居」づくりをしている。

　「紙芝居」では、どの場面を担当するかを話し合うとともに、子どもどうしが確認し合ったりするなど、協力して制作している。「紙芝居」専用の紙に、油性マーカーで描いてから着色している。この用紙の裏には、台詞が書けるようになっている（写真 1-86）。

写真 1-86　『もりはいきている（裏）』

　完成した「紙芝居」は、保護者や在園児に披露している。

ア 「子どもに教えなければならないところ」と「子どもが主体的に取り組むところ」

「子どもに教えなければならないところ・やってみせるところ」

・子どもにふさわしい絵本の日常的な読み聴かせ、表現方法に応じた材料の準備と指示。

「子どもが主体的に取り組むところ」

・話し合いによる役割分担及び具体的な表現。

(6) 絵の具による彩色

表 1-8　絵の具と発達年齢

低 ←		年　齢		→ 高
・マーカー	・クレヨン	・絵の具	・固形絵の具（4歳頃）	・水彩絵の具（5歳頃）
← 保育者が用意した色から選ぶ →				
線描画		← 自分で色を作る →		
		彩　色		

① 「固形絵の具」は4歳頃から始めよう

　筆圧の調整が難しい1歳頃～3歳頃は、色の出る部分が硬い「マーカー」や「クレヨン」などが適している。筆を使う場合も、穂先が硬めの「たんぽ筆」や「刷毛」などが適している。また、この年齢は自分で絵の具を作ることが難しいので、絵の具は保育者が用意しなければならない。なお、1歳頃～3歳頃は、線の内側や外側（背景）に色を塗らせる必要はない。線描画を楽しみたい。また、「マーカー」や「クレヨン」や「絵の具」は、数色用意して子どもに選ばせることが重要である。

　チューブ入りの絵の具を自分から出して使えるようになる5歳頃の前段階として、4歳頃には「固形絵の具」に取り組ませたい。「固形絵の具」は、絵の具をチューブから出す難しさがない。それでいて、自分の好きな色を選べる。

水を付けた筆で、「固形絵の具」をなでていると「固形絵の具」が溶け出し、塗れるようになる。

「固形絵の具」で色を塗る場合は、下描きを鉛筆ではなく、サインペン（油性又は水性）のほうが分かりやすくてよい。

「固形絵の具」は、絵の具をチューブから出す必要はないが、「筆洗い」や「雑巾」などの使い方は教えなければならない。ここで、「筆洗い」や「雑巾」などの使い方を覚えると、チューブ入りの絵の具を使うときにスムーズにいく。

② 「水彩絵の具」は５歳頃から始めよう

好きな絵の具をチューブから出して塗るのは、子どもにとって新鮮な感動である。色を自由に使えたり、操作できるのは驚きである。

水彩絵の具は、「チューブから適量をパレットに絵の具を出す」「必要な濃さに水で薄める」「汚れた筆を順番に洗う」「筆に薄めた絵の具を適量含ませる」などの難しさがあるので、５歳頃になってから導入したい。

初めて使うので、用意しなければならないものや正しい使い方を教えなければならない。

保育者自身が、きちんと覚えていないと正しい使い方を教えられないことになる。

　ア　用具の配置

　「水彩絵の具」で必要な用具は、画用紙、画板、絵の具セット（水彩絵の具）、パレット、筆洗、筆、雑巾、試し塗り用紙。図1-2のように配置する。

　「固形絵の具」の場合は、図1-2から絵の具セットが不要になり、パレットが固形絵の具に変わる。

　イ　筆洗（筆洗バケツ）の使い方

　筆洗には、水を７～８割入れる。子どもに自由に入れさせると少ないことが多いので、水を入れる高さにマジックで線を付けておく。更に、用途に応じたマークを付けると分かりやすい。マークは番号でも、シールでもよい。３つに区分けされた筆洗が望ましい。用途に応じた使い方を、

第1章　発達を見通した造形活動の「描画材料」と「題材」を考えよう　67

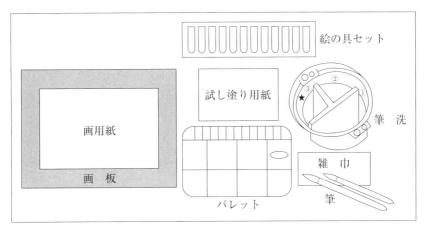

図1-2　水彩用具の配置

きちんと教える。
① 汚れた筆を最初に洗うところ（本洗い、お風呂）。
② すすぐところ（①で洗った筆をもう一度洗うところ、上がり湯）。
③ 絵の具を溶くためのきれいな水を入れるところ（つけ水）。

ウ　筆の使い方

　筆への絵の具の含ませ方が難しいので、「怒ってる筆」と「泣いている筆」という言い方で教える。

　「怒ってる筆」～絵の具が少なくなると穂先がばさばさになるので、「筆が怒ってるよ！」と注意を向けさせ、筆に絵の具を付けるタイミングであることを教える。

　「泣いている筆」～絵の具を付けすぎるとぽたぽたと垂れるので、「筆が泣いているよ」と教えて、筆をパレットや筆洗の縁でしごいたり、雑巾に吸い取らせる。

エ　雑巾の使い方

　「筆の穂先を整える」「穂先の絵の具の量や水分量を調整する」「汚れを拭く（パレット、絵の具のチューブ、絵、机など）」などのために、雑巾は不可欠である。

使うときは乾燥した雑巾ではなく、絞った雑巾がよい。少し濡れているほうが、拭きやすい。使用後はきちんと洗って、乾燥させる習慣を身に付けさせたい。雑巾で拭くのが難しい場合（画面やパレットなど）のために、ティッシュペーパーも準備しておくとよい。

第 2 章
造形活動の「環境」と「記録」を考えよう

　保育者が子どもにふさわしい活動を考えても、「材料がない」とか「準備や片づけが大変である」とか「指導する技術がない」などの理由で止めるのではなく、実施するために最大限の努力をしたい。実施上の課題が多い場合は、すぐには全てが解決できないかもしれない。しかし、本気で解決の努力をすれば、必ず解決できるはずである。

　環境設定は、施設・設備・消耗品が主である。施設や設備は予算が伴うので、簡単には完備しないかもしれない。施設や設備を考える場合は、国内外の先駆的な取り組みなどに学びながら、自分が勤務している園の環境設定をどのように充実していけばよいかを考えていきたい。ただし、施設や設備が充実すればよいのではない。どのような保育をするために、どのような施設や設備が必要なのか。そのための短期・中期・長期計画を立案して確実に取り組むとともに、随時見直していきたい。

　開園時は構想を練って施設や設備を整備しても、開園後は現状の施設や設備の範囲内に収まる保育になりがちである。多額の経費を要するものは簡単にはできないが、それほどでもないものは少しずつでも充実していきたい。業者でなければ作れない施設や購入しなければならない備品もあると思うが、保育者や保護者などによる手作りも可能である。更に、経費がかかる場合は、助成財団などに応募する方法もある。

　現状の保育の質をさらに向上させるための意識をみんなで共有し、そのための具体的な行動計画を立てたい。日々の保育に追われる中でも、将来の展望を持って日々を過ごすようにしたい。

消耗品も豊富ならよいのではない。狭い教室に物があふれるのもよくない。刺激過多になるからである。ゆとりのある教室はあまりないと思うので、材料の保管場所には苦労がつきまとう。豊かな活動を展開するためには、それなりの材料が必要である。活動に必要と判断した材料は、確実に準備したい。

多様な材料を豊富に用意する場合は、保管方法が問題となる。大きな倉庫が完備している園はないと思われる。狭い教室や教材室を考えると、立体的に置くしかない。木材を購入して、天井までの高さがある棚を作る。コンテナ類・衣装ケース・空き缶などの、比較的安価で重ねておけるケースなどの活用を考える。これらの処分に困っている家庭や業者もいると思うので、提供を呼びかける。

材料はいつも同じではなく、新しい材料との出会いも必要である。また、活動の発展を見込んで、準備しておくことも必要である。

教室に高く積んで置かなければならない状況があったとしても、使わないときはきれいなカーテンで目隠ししたい。更に、整理・整頓の見本となるような保管に努めるべきである。なぜなら、保育者がリードする活動も保育だが、子どもたちがいつも目にする環境も保育だからである。よって、毎時間の保育内容にばかり目がいってはならない。掲示物、材料などの整理・整頓、保育者の服装や言動、塀・玄関・建物全体・園庭・廊下・保育室の壁・樹木・花などの手入れなど、子どもたちが毎日目にするものが大きな影響を与えていることを自覚しなければならない。

例えば、夏の暑いときに、大人が汗をかきながら一生懸命に園庭の草取りしている姿を子どもたちが目にすることも、大きな意味がある。

また、活動ごとに必要な材料をワゴンに載せておいて、活動が始まる直前に子どもたちといっしょにワゴンを出すのも効果的である。ワゴンを押すという役割が持てるし、活動に対する期待を膨らますことができるからである。

いずれにしても、年間を通して、教室が材料で雑然としている環境は改善したい。

1　造形活動の環境を考えよう

(1) 材料を集めよう

　現場は、少ない予算でやりくりするしかない。同じ材料でも、安く購入するのは立派な教材研究である。園に出入りしている業者から安易に購入せずに、ネットで調べたり、足を運んだりして、少しでも安価に購入したい。安く購入できれば、浮いた予算で量を増やしたり、新たに別の材料を購入することもできる。

　園では、さまざまな材料を使う。紙類、箱類、トレー、ダンボール、紐類、布、毛糸、綿、自然材（土、粘土、砂、石、枝、竹、竹ヒゴ、丸太、角材、板、松ぼっくり、ドングリ、葉など）など、多くの種類をたくさん用意したい。

　外部（保護者など）から不要品の提供を望む場合は、どのような材料が欲しいのかを、さまざまな方法で、さまざまな場所で、さまざまな人にアピールしたい。

①　入手方法

ア　業者から購入する

　予算が限られているので、園に出入りの業者・通信販売（ネット）・地域内外の商店などを調べて、可能な限り安価で購入する。

イ　保護者に呼びかける

　牛乳パック・トレー・お菓子などの空き箱集めなどを保護者に呼びかけて、協力してもらっている園も多いと思われる。野焼き用のもみ殻の提供を呼びかけると、トラックで運んでくれる保護者もいる。

　保護者は園への協力を惜しまないので、欲しいものは積極的に提供を呼びかけたい。例えば、大型カレンダーは紙質がよいので、裏は絵を描くのに適している。自分だけではなく、知人や親戚からも集めて持ってきてくれる場合もある。

　依頼する場合は、以下に考慮したい。

・せっかく持ってきてもらっても使えないと困るので、欲しいものの詳

細（適しているもの、適していないもの）をあらかじめ伝える。

・集める期間、置き場所、使用目的、欲しい数や量などを事前に連絡する。

・お便りなどで、いただいた材料を使って活動した様子の写真などを添えて、感謝の意を伝える。

　保護者への協力依頼は、直接的には材料の確保であるが、材料集めを通して、園への理解が深まり、子どもと保護者の会話も進むなどの効果も期待できる。

ウ　業者から分けてもらう

　段ボールなどをスーパーや電器店などから分けてもらうことは、よく行われていると思われる。業者の中には、処分に困っている場合もある。筆者は、廃番のタイル（タイル製造業者）・カッティングシートの切れ端（広告会社及び塗料店）・木片（工務店）・粘土窯焼成用廃材（工務店）・土粘土（大企業）・孟宗竹などを無料でいただいたことがある。届けてもらったこともあれば、トラックで受け取りにいったこともある。

　地域中心に人脈を増やしながら、いろいろな機会を捉えて、園で使用している材料や欲しい材料を知ってもらうことが必要である。処分に困っている場合は、処分費もかからないうえ、子どもたちに役立つので感謝される。

エ　保育者がみずから集める

　ふだんは、保育者が足を運んで集めることが多いのではないかと思われる。山から大量のドングリを集めたり、海岸で丸い小石をたくさん集めた保育者もいる。

　保育者は、地域の自然や業者への理解が必要である。地域の物的・人的状況を把握しておくと、保育者が必要とする材料を確保するメドがつきやすい。

　保育者は、大きな材料・大量の材料・作品などを運ぶことも少なくない。トラック（軽）を所有している園はあまりないと思われるので、保育者の車で運ぶことも多い。そこで、車を購入するなら、人より乗れないセダンタイプではなく、荷物も少しは積めるタイプを勧めたい。大き

なものや大量の場合は、園長やPTAなどに相談して運ぶ。
② 保管場所
　ア　種類別に整理・整頓する
　　豊富な材料のある園の保管方法には、感心させられる。整理・整頓が行き届いている。整理・整頓しないと保管できないから、工夫が生まれる。種類別に分けて、場所を取らないように重ねて置く。雨に当たってもよいもの、雨が直接当たらなければ屋外でもよいもの、室内が望ましいものに分けて保管する。
　　使いたいときに、すぐに取り出せるように置くとともに、中身が分かるように、透明のケースに入れるか、写真と文字を併用して表示するのが望ましい。
　イ　物にあふれる教室にしない
　　どこの園でも、廊下・準備室・教室などは、物にあふれている。ただし、教室はいつも活動する場所なので、繁雑にしてはいけない。そのときに使う材料だけを置くようにしたい。使わない材料を教室内に置かざるをえない場合は、きれいなカーテンなどで目隠ししたい。
　ウ　必要に応じて自作などする

写真2-1　コンテナの活用

写真2-2　折り紙の切れ端保管（色を表示）

写真 2-3　コンパネで自作　　写真 2-4　色画用紙の切れ端保管（可動式、自作）　　写真 2-5　写真 2-4 の拡大

写真 2-6　使用時は写真 2-4 からケースごと取り出して床や机に並べる　　写真 2-7　ロール紙保管（可動式、自作）

(2) 道具類の保管例

　道具類は、探しやすいことが重要である。探しやすいということは、使ったあとに戻しやすいということでもある。

　整理・整頓が悪い場合は、整理・整頓の悪さを注意する前に、保管場所が分かりやすくなっているかを考えてみたい。経験的には、保管場所の分かりやすさと整理・整頓は比例する。砂場での遊び道具類も、砂場の近くに分かりやすい保管場所を確保したい。

　写真 2-8 のスチール製引き出しも、写真を貼る前は探すのに時間がかかっ

第 2 章 造形活動の「環境」と「記録」を考えよう　75

写真 2-8　道具はすぐ分かるように写真を貼る

写真 2-9　可動式画板収納ケース（自作）

た。戻すときも場所を探すのに時間を要するので、関係ない場所に戻されることも少なくなかった。写真を貼ってからは、探すのに時間がかからなくなった。戻すのも簡単だから、表示と異なる道具が紛れ込むことはほとんどなくなった。

写真 2-9 は、シナベニヤをカットして自作した画板の収納ケースである。このようにキャスターを付けておくと、使うときだけ引っ張り出すことができる。

(3) 作品の保管例

紙は重ねて置けるので場所を取らないが、粘土や工作などの立体作品は場所を取る。同じ立体作品でも、紙やプラスチックなどの作品は重ねても支障がないものは、段ボール箱などに入れて重ねて置くことができる。しかし、粘土の作品は重ねると壊れるものも多いので、重ねて置くことができない。

スチール製などの既製品の棚類は値段が高いうえに段数も多くないので、収納

写真 2-10　大量のコンパネと角材（写真は一部）

写真 2-11　写真 2-8 の組み立て例

写真 2-12　コンパネと角材を使った保管例

には限界がある。同じサイズの箱（発泡スチロール製のトロ箱、コンテナなど）に入れて重ねてもよい。推奨は、コンパネと角材を活用する方法である。三六サイズ（約 90×120cm、厚さ 12mm）のコンパネを 6 等分する。1 枚が、約 45×60cm の大きさとなる。あと、写真 2-10 のような角材も大量に用意する。コンパネと角材は自分で切断してもよいし、ホームセンターでカットしてもらってもよい。

　コンパネは作品の移動にも使える。保管する場合は、効率よく置くために、作品の高さ別に分類する。そして、作品の高さに合わせて、角材の置き方を変える（写真 2-11）。ある程度の高さまでなら、床に重ねて置いてもよい。既製品のスチール製棚や自作の棚の場合は、写真 2-12 のように、棚の隙間を埋めるように置くとたくさん収納できる。

　平面作品で乾燥が必要な場合は、既製品の「はね上げ式作品乾燥棚」が使いやすい。版画の場合は、インクの性質（水性・中性・油性）にかかわらず、インクが垂れることがないので、つるしておくことが可能である。高価な「はね

写真 2-13　洗濯バサミとワイヤーの活用

写真 2-14　洗濯バサミとワイヤーの活用例

上げ式作品乾燥棚」でなくても、洗濯バサミを通したワイヤーを張るとよい（写真2-13、写真2-14）。移動するときに顔などがぶつからないように部屋の隅か頭が当たらない高さに張ること、洗濯バサミを通さなければならないのでひも類は不向きであること、針金は伸びるのでワイヤー（細いものを数本より合わせたもの）が適していることに留意したい。

（4）活動場所

　子どもたちは登園後、自由遊びをする。屋内外の遊び場が充実していたり、興味・関心のある動物などがいれば、クラスで遊ぶことは少ない。

　施設・設備は有限なので、その中での工夫が保育者の腕の見せどころである。砂場・すり台・コンビネーション・鉄棒・ブランコ・アスレチックなどは、どこの園にもあると思われる。三輪車に乗ったり、木に登ったりすることもある。「土」や「土粘土」のコーナーを設けている園もある。固定遊具のみで遊べる場合もあるが、道具や材料も左右する。広いシートや大きな紙なども、魅力的な活動場所となる。

　ウサギ・チャボ・ヤギなどの動物を飼っている場合、子どもたちは登園すると積極的に関わる。屋内に、木球やゴムボールがいっぱい入ったプール・ネット・ままごとコーナー・絵本・お絵描きコーナーなどが充実している園もある。また、川・公園・海・田んぼなどの自然環境や動物園・水族館などで活動することも少なくない。子どもたちが出かけられる範囲の資源（公有・私有）のチェック及び活用も重要である。職員室には、園外の活用したい場所の地図を手作りして貼りたい。

　自由遊びや設定保育にかかわらず、活動場所の充実は重要である。見栄えのする遊具がよいのではない。それぞれの年齢に応じて、どのような活動に興味・関心を示すかは、保育者であれば経験的に知っている。子どもが興味・関心を示す活動を定着させるとともに、発展していくように、保育者が話し合い、労力を惜しまずに整備していきたい。施設・設備が固定化して、子どもたちがいつも同じような活動しかできないことがないようにしたい。マンネリ化を防ぐために、毎年一か所程度は工夫したい。変化があると、子どもたちは教

えなくても真っ先に発見する。

近年、新設や建て替えの際、建築士やデザイナーなどと連携して、魅力的な設計をしている園もある。勤務している園の発想を越えるためには、近隣や県内の園はもちろん、県外や国外の園なども調べて学びたい。見学・図書・ニュース・研究会や学会・インターネット（ホームページ）などのさまざまな方法で、情報を入手したい。

活動場所は、施設・設備だけではない。自然や動物、道具や材料も含まれる。そして、何よりも重要なことは、子どもを勝手に遊ばせて放っておくのではなく、よく観察しながら、子どもたちを遊びに誘い、遊びを仕掛け、遊びが発展するような保育者の関わりである。保育者こそ、最大の活動場所・施設・設備である。子どもとの関わりの中から、施設・設備・自然や動物・道具や材料などの改善のヒントを見つけたい。

(5) 材料や道具類の正しい使い方を教えよう

材料や道具類の正しい使い方は、保育者自身が理解していないと、子どもに教えることができない。以下、正しい使い方をいくつか紹介する。

① ハサミは刃先も使うが、刃元も使う

薄いものを細かく切るときは刃先でかまわないが、厚みのある紙や太いものを切る場合は、ハサミを開いて刃元を使う。刃先を使うと切りにくいし、ハサミが壊れる原因になる。

工作用のハサミも、剪定用のハサミも同じである。

② のりや木工ボンドは手で伸ばす

手で汚れるのが嫌なのか、ヘラで伸ばしているのを見かけることがある。のりやボンドで確実にくっつけるためには、全面に薄く伸ばさなければならない。伸ばすためには、のり下紙（新聞紙、印刷やコピーのミスペーパー）が必要である。その都度子どもに用意させてもよいが、いつでも使えるように、適当な大きさに切断したものをヒモに通して机の横に下げておいたり、机などに入れておくとよい。更に、手の汚れを拭いたり、余分なのりやボンドを吸い取るための雑巾は必ず用意させて、使い方を教えなければならない。

また、のりやボンドを付けてから貼る際は、手で押しつけてもよいが、雑巾で押さえたほうがよい。その理由は、手よりも圧着面が広いこと、のりやボンドが余分に付いていれば圧着時に吸い取ることができるからである。

③　カッターナイフは、軽い力で少しずつ切る

厚くて切りにくい紙などを一回で切ろうとすると、かなりの力を入れなければならない。その結果、刃が折れたり、ガイドから外れたりして、ケガをするリスクが大きくなる。軽い力で、何度も繰り返すと、必ず切れる。園児がカッターナイフを使う場面は少ないかもしれないが、保育者として覚えておきたい。

④　着色は、試し塗りをする

絵の具（固形絵の具、水彩絵の具、ポスターカラー）の濃淡や色味は、塗ってみないと分からない。4歳頃以降に、自分で色を選んで作る場合は、試し塗りをさせてから塗らせたい。必ず、試し塗り用の紙を用意する。

⑤　バレンは、しっかり握る

バレンでこするときは、力を入れなければならない。つまむような持ち方では、力が伝わらない。まず、竹皮の結び目に親指以外の指を入れる（写真2-15）。そして、しっかり握ってから（写真2-16）、やや前傾姿勢で体重をかけながら動かす。滑りをよくするには、竹皮に椿油を染みこませたり、竹皮をロウソクでこするとよい。

写真2-15　指を入れる

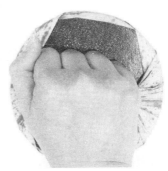
写真2-16　しっかり握る

(6) 材料や道具類を使いやすい場所に置こう

　材料や道具類の保管は、日常的に使うものと、一時的に使うものとに分けて考えたい。一時的に使うものは、見えない場所に効率的・立体的に置く。そして、使うときに取り出す。日常的であれ、一時的であれ、種類別分けるとともに、見てすぐに分かるようにする。透明な容器などは、中身が見えるのでそのままでよい。外から見えない容器は、実物や写真を貼る。そのうえで、子どもが取りやすい場所に置く。

(7) 掃除用具を考えよう

　造形活動は、基本的に汚れる。汚れを気にしないで、ダイナミックに活動させたい。そのためには、汚れを気にしない、汚れてもよい環境づくりが重要となる。汚れてもよい服装を着る。エプロンをする。ブルーシートや画板や新聞紙などを敷く。

　それでも、机や床は汚れるので、ほうきで掃いたり、雑巾で拭かなければならない。子どもは水が好きだし、活動が充実していれば片づけや掃除も進んでやる。褒められると、ますますがんばる。

　準備や片づけを、保育者が独りでやることはない。独りでやると保育者の労力が増えるばかりではなく、子どもたちが準備や片づけをする機会を奪うことになる。保育者のようにはいかないかもしれないが、準備や片づけの方法を教えるチャンスである。保育者と子どもがいっしょに準備や片づけをすることは、大きな意味がある。

　その前提として、準備や片づけをしやすい環境になっていなければならない。具体的には、活動で使う材料や道具が分かりやすく整理・整頓され、完備していなければならない。雑巾も、取りやすく乾燥しやすい場所に置かなければならない。ほうきも、子どもが使いやすいものを、用途別に用意したい。机上のゴミを集めるには、ミニちりとりが便利である。百均で安く買えるので、全ての

写真2-17　ミニちりとり

机の横に提げておきたい（写真2-17）。

(8) 残った材料の活用を考えよう

全員に同じ材料を渡す場合もあると思うが、子どもの創意工夫や判断力を育くむためには、同じ材料を渡すのがよいかの検討が必要である。

同じ材料を渡すにしても、自分で必要と判断して材料を選ぶにしても、いつも材料を使い切るとは限らない。使った材料がまだ使えるくらい残った場合は、捨てることはない。

① 判断力を育む絶好の機会

まだ使えるくらい残った場合、そのままで保管すると、使った形が残るので使いにくい（写真2-18）。

特に紙類の場合は、残った形がイメージを持つので、そのイメージがじゃまになる。また、複雑な形であれば、それを積極的に使う気にはなれない。

そこで、大まかな四角形に切って、保管したい。使い残しの紙の形はさまざまなので、効率的に四角形に切るには判断力が必要である。

最初は、保育者がお手本を示すとよい（写真2-19）。実際に切るときは、いちいち線を引く必要はない。不安だと確認を求めてくるが、その切り方でよいか、ほかに切ればよいかを教えてあげる。大まかでかまわない。上手に切れたら、褒める。褒められると、切る意欲が高まる。そして、切ったもの（写真2-20）で使えるもの（四角い2枚）を同じ色のケースに入れ、使えないもの（四角でない小さい紙）は捨てる。

4歳前後頃になるとハサミも使えるの

写真2-18　使い残しの紙

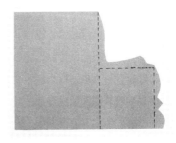

写真2-19　ハサミによる整形の目安

写真2-20　ハサミによる切り離し

で、ハサミを使える年齢になったら、使い残しの紙から再利用できる部分をハサミで切る活動に、積極的に取り組ませたい。

活動で紙を使うとき、大きな紙が必要であれば切っていない新しい紙を選べばよい。大きな紙が必要でなければ、欲しい色のケースから、使いたいサイズの紙を探す。

「残った紙をどのようにカットすればよいかを判断する」「どのサイズの紙が必要かを判断する」ことで、子どもが判断する場面が確保できる。紙は使うことが多いので、判断しなければならない場面が多く確保できる。判断力は、特別なことをしなければ育まれないものではない。日頃の活動において、子どもが判断する場面を最大限に確保しながら、その繰り返しによって育まれる。

② 物を大切に使うことを学ぶ機会

園は予算が限られているので、材料を潤沢に購入できない事情もないわけではないが、使える物は再利用して、大切に使う心を育てたい。

(9) 壁面を豊かにしよう

壁面構成は、とても重要である。保育者が制作したものを飾る場合もあれば、子どもの作品を飾る場合もある。保育者と子どもが共同で飾る場合もある。

壁面構成には、子どもに伝えたいことや子どもの努力の結果などを展示したい。壁面構成には、そのクラス担当を担当する保育者の考え方や、保育力が反映される。しかし、それを重荷に思うことはない。壁面構成が生き生きとしたものとなるように、保育者が常に考えて工夫したい。

子どもの作品の展示によって、本人が自信を持つとともに、自分との違い知ることができる。保護者も、活動の様子を知ることで、子どもとの会話も進む。

また、壁面に展示する全てを、保育者が行ってはいけない。子どもができるところは可能な限り参加させたい。作品の展示も、作品のみはよくない。制作

第2章 造形活動の「環境」と「記録」を考えよう　*83*

時の様子を写真や文章で添えたい。大きな紙に写真やイラストを駆使して、活動の様子を伝えることに意義がある。

　展示には工夫がいる。きれいに展示するのは簡単なようで、案外と難しい。他からも積極的に学ぶべきである。作品の場合は、自分の作品のつもりで展示したい。子どもの作品だからといって、安易に扱ってはいけない。子どもの生命・心の表れである作品に対して、展示からも保育者が子どもを大事にしている配慮が伝わるようにしたい。

　作品を、画鋲で直接刺して留めることは避けたい。隅であっても、作品の一部に画鋲を刺すのは望ましくない。額に入れる、台紙やパネル（ベニヤと角材で安価に作れる）に貼る、作品の裏から紙やガムテープを貼ってから、貼った紙やガムテープを画鋲で刺して留めるなどの工夫をしたい。画鋲も、透明やカラフルなものを選びたい。

　更に、作品の入れ替えはそれなりの時間を要するので、貼りっぱなしになりがちである。

　作品は次々と生まれるので、展示の作品に困ることはない。労力を惜しまずに、積極的に作品を入れ替えたい。月に一度程度のリニューアルでも、雰囲気が変わる。子どもに、自分の作品や活動の様子が飾られることへの期待も膨らむ。

2　記録をとって、生かそう

（1）活動の記録を文章と写真で丁寧にとろう

　園で決められている記録は義務なので、必ずとらなければならない。しかし、義務ではない記録は、とらなくても保育者が困ることはない。とるかどうかは、保育者個人の判断に委ねられる。

　丁寧に記録をとることは時間と労力を要するので、義務でもなく、困ることもない記録をきちんととることはまれである。

　丁寧に記録をとることによって、保育者自身の怠け癖を回避することができ

る。実践を振り返ることができる。長く続けると、変化が見えてくる。更に、実践をまとめて発表することによって、質疑から自分の実践の長所や課題を確認することができる。

　全ての実践を、詳細に記録することは不可能である。通常の記録は、簡単でかまわない。保育者自身が詳細に記録したいこと（その日に気になったこと、関心ある領域、研究テーマ、特定の子どもなど）に絞って、徹底的に記録したい。記録する意志を強く持って、根気強く続けるしかない。

　文章による記録は、記録の観点を決めて書く必要がある。子どもの様子、子どもどうしの関わり、保育者の関わりは、エピソード記録をメインとしたい。その他、簡素化可能なところは、できるだけ簡素化したい。時間をたっぷりかければよいのではない。他の仕事もあるし、自分の生活もあるので、記録に割ける時間は限られてくる。その限られた時間で、きちんと記録をとることが大事である。限られた時間で記録をとるトレーニングも必要である。

　写真撮影は、活動に支障がない範囲で撮る。フィルム時代は、感度も低く、ピント合わせも手動だったので、失敗も多かった。撮影枚数も限定されていた。しかし、現代はデジタルカメラであれ、携帯電話のカメラ機能であれ、シャッターを押すだけで、瞬時に失敗のない写真が撮れる。

　子どもと過ごしていると、あっという間に時間が過ぎる。準備したり、片づけたり、手が汚れることもあるので、保育者に撮影する強い意志がないと写真を撮影するタイミングを逸してしまう。筆者の場合も、土粘土の活動では手が汚れることが多いので、撮影は困難であると決めつけていた。ところが、滋賀県の第二びわこ学園の粘土室の活動を見学に行ったら、担当の田中敬三が大変な状況の中で、タイミングを見て撮影していた。それを見て、「撮る意志があれば撮れる」ことを学んだ。その日を境に、筆者も写真を撮るようになった。

　準備や後片づけをしているときは、手が空かないのでなかなか撮れないが、子どもが活動に集中しているときは撮ることができる。後で撮った写真を見ると、そのときに気づかなかったことを発見することも多い。

　作品として残るものは、都合のよいときに照明などに配慮しながら撮影する。活動中の写真は、その場でなければ撮れない。悔いを残さないように、確

実に撮影したい。そのために、かさばらないコンパクトなデジカメを、いつでもポケットに入れておきたい。撮影するときの心構えとして、活動中の写真はそのときの子どもの心が、作品の写真は作品から子どもの思いが伝わるように撮りたい。

いずれにしても、優れた保育者ほど丁寧に記録をとっている。活動が充実しているほど、記録がとられている。それは、自慢するためではない。保育の手がかりを探し、保育者自身が保育力を高めたいからである。

(2) 活動の様子を保護者に伝えよう

子どもの年齢にかかわらず、園での生活の様子を保護者に伝えることは、保育者の重要な業務かつ義務である。まして、自分から正確に伝えることが難しい乳幼児であればなおさら。伝えることに意味を感じるとともに、充実感を見いださなければならない。義務感が勝ると苦痛になるし、丁寧に伝えることが難しくなる。筆者は、中学校勤務時代に学級通信を毎週発行していた。毎日発行していた同僚もいた。

保護者に伝える方法は、送迎時、連絡帳、クラス便り、園便り、懇談会、ホームページ、SNS、発表会などの方法がある。いろいろな方法を駆使しながら、園で子どもがどのような活動をして、どんな様子だったのかを確実に伝えていきたい。伝えることによって、「保育者自身が活動の様子を再確認できる」「保護者が子どもの様子や園及び保育者の考え方を知ることで、園や保育者や子どもへの理解が深まる」「分からないと不安だが、具体的な活動の様子を保護者が理解することで、不安や推測が解消される」「保護者が園や子どもの様子が分かることによって、子どもとの会話がはずむ」「園と保育者と保護者が、率直に質問や意見などを出し合える材料になる」「保護者との連携・協力が深まる」などの利点が挙げられる。

活動の後に伝えることが多いが、その活動に関することや予定などを事前に伝えることもある。また、伝える場合、緊急なことは直ちに伝えなければならないが、当日でよいもの、翌日でもよいもの、翌日以降でもかまわないものなどを判断して行う必要がある。全てを翌日に伝えることは、時間的にも難しい

からである。

　保育者はさまざまな業務を抱えているので、活動の様子をきちんと伝えることは労力を要するが、できる範囲で確実に行いたい。活動の様子を伝えることが機能していくと、保護者や子どもからも評価され、園やクラスの運営にもプラスとなる。これを励みに、ますますきちんと伝えたい気持ちが高まる。好循環である。

　ただし、目標が高すぎると苦痛になり、挫折しかねない。簡単なものでかまわない。見た目は立派でも、伝わるものがないようでは困る。保育者の感性を大切にして、素直に伝えていきたい。

　ただし、伝える際は、できないことではなく、子どものプラス面を見つけるようにしたい。課題を伝えなければならないときは、「できない」とか「困る」と受け取られないように工夫したい。例えば、独りで遊ぶ場合、「友達と遊ばない」と否定的に捉えるのではなく、「独り遊びを好む」と肯定的に捉えたい。「独り遊び」が悪いのではない。「独り遊び」も、きっかけがあると変化する。

　クラス便りを頻繁に出して、保護者が楽しみにしている園も少なくない。お昼寝の時間などを利用して、集中的かつ比較的短い時間で書いている場合が多い。

　高知の中山ももこは、クラス便りとは別に「おえかきだより」を発行したり、クラスの美術館「さくらぐみ　びじゅつかん」を作って、保育園のみんなを招待する取り組みをしている。子どもの活動が充実してくると、その様子をいろいろな方法で伝えたくなる。中山ももこから、労力を要する大変さを聴いたことがない。そのための労力は、当然なのである。全身から、保育者としての仕事の楽しさ、保育者冥利が伝わってくる。

(3) パソコンを活用しよう

　アナログとデジタルによるICT（情報通信技術、つまりコンピュータを活用すること）は全く別物であり、どちらがよいかという問題ではない。それぞれに長所と欠点がある。しかし、ICTの可能性が拡大している現状を考えると、ICT抜きの生活はあり得ない。

第2章　造形活動の「環境」と「記録」を考えよう　*87*

　民間に勤めている保護者が、教育・保育の現場における ICT の遅れに苦言を呈していた記事を雑誌で読んだことがある。保育園の写真を注文するのに、なぜ休暇を取って保育園に出向かなければならないのか。ネット上でなぜできないのか。欠席届も、なぜ紙でなければならないのか。なぜ、メールでできないのか。集金も、なぜ釣り銭のない金額を子どもに持参させなければならないのか。なぜ、口座振り込みができないのか。しかも、これらの要望を出しても、全く受け入れてもらえない。といった主旨だったと思う。

　これは、保護者が困っていることを、なんら困っていない保育者（保育園）側が自覚できていないのである。写真をプリントして、掲示し、注文枚数を焼き増しして、代金を計算して集金するのは大変な労力である。写真をネットにアップすれば、労力は軽減されるのに、そのやり方を保育者（保育園）側が知らない（できない）から、やらないのであろう。

　パソコンが苦手であれば、身近にいる詳しい人に教えてもらうことができる。教えてもらうと徐々にできるようになる。ある程度できるようになると、その後は自分で対処できるようになる。

　しかし、ICT をやらない人はいつまでもやらない。やる人との差は開くばかりである。詳しい人がいれば、情報発信なども積極的に行うが、詳しい人がいなければ、園全体としては遅滞したままとなる。

　ICT は、子どもが活用する場合と、保育者が業務などで活用する場合がある。本書では、子どもの活用は取り上げないが、タブレットで自己紹介したり、海外とライブで交流したり、さまざまなアプリケーションを活用している保育園もある。

　業務（発表を含む）では、「ワード」「パワーポイント」に代表される「オフィス」が全盛である。「オフィス」の名称からも分かるように、「ワード」「パワーポイント」などは事務系のアプリケーションである。資料を作成したり、発表したりする場合は、「ワード」や「パワーポイント」で用が足りるかもしれない。しかし、活動中の写真や作品の写真を編集して、ポスターやチラシやお便りをオフィスで作成するのは厳しい。画像や音声の編集は、専用のアプリケーションにはかなわない。

「ワード」や「パワーポイント」は比較的簡単にできるアプリケーションであり、それができるからといって、パソコンができるとは言えない。プレゼン用のアプリケーションも、「パワーポイント」だけではない。魅力的な「キイノート」もあれば、PDF 専用だが、タブレット用の「グッドリーダー」などもある。写真を編集して、ポスターやチラシやお便りなどを作成するためには、「フォトショップ（フォトショップエレメンツ）」や「イラストレーター」をマスターしたい。写真 2-22・2-24・2-26・2-28・2-29・2-31・2-33・2-35 は、全て「フォトショップ」で編集したものである。

情報を発信するには、ホームページ作成のアプリケーションである「ドリームウエバー」も覚えたい。SNS（ソーシャル・ネットワーキング・サービスのこと。代表的なものに、Facebook、LINE、Twitter、Skype、mixi などがある）で、積極的に情報発信している幼稚園もある。SNS の活用法も身に付けたい。

また、動画編集用のアプリケーションも覚えたい。更に、配布物を作成する場合は、「ワード」では制約が多い。写真やイラストなどの多い雑誌で使われている「インデザイン」は、レイアウトが簡単にできる。

ICT には、PC、タブレット、電子黒板などさまざまある。PC、タブレットには、ウインドウズもあればマックなどもある。保育者は、これらのマルチプラットフォームに対応できなければならない。

「ワード」で資料を作成する程度の保育者は、危機感を持って ICT の活用法を幅広く身に付けたい。また、ICT を希望しない保護者などのために、アナログで対応する余地も残さなければならない。

① 写真を編集しよう

文字を主とする授業記録と同様に、写真記録は義務ではないので、必ず撮らなければならないわけではない。労力を要するので、撮らない場合が多い。しかし、園における生活の記録を文章や写真でとることは、保育者自身はもちろん、子どもや保護者にとっても必要である。この意義を理解する保育者は、精力的かつ根気強く記録をとっている。

最近のデジタルカメラは、瞬時に、しかも簡単にきれいに写すことができ

る。暗くても、失敗することもない。

　活動中の写真を撮る場合は、全体の風景が写っているだけでは物足りない。子どもの、そのときの心が現れていなければならない。作品の場合も、平面作品なら、作品の全体が写っていなければならない。立体作品の場合は、作品の特徴がよくでるアングルと照明が求められる。撮影技術も磨いていかなければなければならない。

　しかし、どんなにうまく撮影できても、写真がそのまま使えることは少ない。保育者の心が、公表する写真に顕著に現れると考えるべきである。余分な物が写っている写真、白（黒）い紙なのに灰色に写っている写真、薄い紙のシワがそのままの写真、汚れが除去されていない写真、ゆがんでいる写真、コントラストが弱く眠い写真などを編集しないまま公表しているのを見ると、大変悲しくなる。このような写真は、保育者が自ら写真を編集すべきである。何事も、最初からはできない。勉強して、身に付けなければならない。

　写真を編集できなければ、写真を編集する必要性も理解できない。この悪循環。写真の編集がそれなりにできれば、当然のように編集する。写真の編集は、デザイナー・カメラマン・印刷会社などの専売特許ではない。作品展示と同様に、保育者の配慮が必要である。写真からも、保育愛・子ども愛がにじみ出る。

　以下、写真編集の、ビフォー・アフターの一例を紹介する。ただし、カラーで撮影し、カラーで使用する場合は通常の修正でかまわない。しかし、カラー写真をモノクロで使う場合は、編集した写真をモノクロにしたうえで、写り具合を確認する必要がある。なぜなら、黄色などはモノクロにすると薄くなって見えづらくなる。また、赤や黒や紺などは、モノクロにすると、いずれも黒っぽい色になって違いが分かりづらくなる。これらの場合は、パソコンで簡単に編集できる。

ア　余分なものをカットする（トリミング）

　平面作品の場合は、全体を写さなければならないので、作品を画面よりも小さく写すことになる。その結果、作品と関係ない背景まで写り込む。また、カメラに対して、作品を平行に写すことも難しい。

更に、カメラのレンズの欠点として、ゆがみがある。最高級のレンズでも、四角い紙を四角に写すことはできない。程度の差こそあれ、必ず、4辺が膨らんだり（樽型）、凹む（糸巻き型）宿命がある。

写真2-22は、写真2-21の平面作品を最大限に生かすためには、傾きとゆがみを直したうえで、余分な背景をトリミングでカットしたものである。

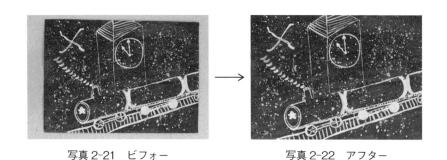

写真2-21　ビフォー　　　　　　　　写真2-22　アフター

イ　灰色に写った白い紙や黒い紙を元の明るさに戻して、鮮明にする

最近のカメラは、適正露出の判断能力が向上している。それでも、白を白に、黒を黒に写すのは難しい。真っ白だとカメラが明るすぎると判断し、光を絞ってやや暗く写そうとする。その結果、白を明るい灰色に写してしまう。同様に、真っ黒だとカメラが暗いと判断し、光を多く取り込んで明るく写そうとする。その結果、黒を暗い灰色に写してしまう。

カメラに習熟している人は、白を白に、黒を黒に写すために露出量をマニュアルで調整するが、それでも完璧に写すことは難しい。撮影した後に写真を確かめ、パソコンで適正に修正しなければならない。

写真2-21は、白い画用紙の上に、洋服の作品を置いて撮影したものである。白い画用紙なのに、灰色に写ってしまった。そこで、背景の画用紙の白に近づけた。更に、カラーをモノクロにしたらコントラストが弱くて分かりにくいので、鮮明になるように編集した（写真2-24）。

第 2 章 造形活動の「環境」と「記録」を考えよう　*91*

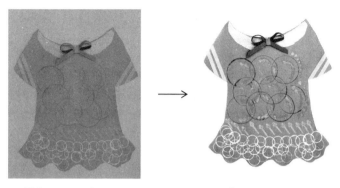

写真 2-23　ビフォー　　　　　写真 2-24　アフター

ウ　薄い紙のシワを取る

　画用紙は厚いので、シワになることはないが、線描画でよい段階（1 歳頃〜3 歳頃）は予算的なこともあるので、薄い紙を使うことが多い。薄い紙だと、シワが入りやすい。

　写真 2-26 は、写真 2-25 のシワを除去するとともに、明るさのムラもなくしたものである。

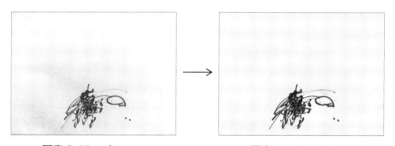

写真 2-25　ビフォー　　　　　写真 2-26　アフター

エ　コントラストが弱く、眠い写真を鮮明にする

　写真 2-27 は、皿を黒い布の上に置いて撮影したが、露出量が多すぎて明るくなってしまったものである。写真 2-28 は写真 2-27 をレベル補正したもの、写真 2-29 は写真 2-28 を切り抜いたものである。

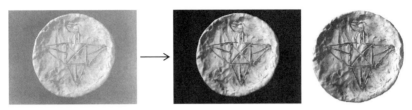

写真2-27 ビフォー　　写真2-28 アフター1　写真2-29 アフター2

オ　ゆがみを直す

　平面作品は、正対して真っ正面から撮影するとあまりゆがまないが、斜めの方向から撮影するとゆがみは避けられない。特に大きな作品は、どうしても斜めから取らざるを得ない。

　写真2-30・写真2-32は、長辺が約5mの共同制作である。どちらも、脚立に登って撮影した。正対できなかったので、遠近法のとおりにゆがんで写っている。このゆがみを編集したのが、写真2-31・2-33である。

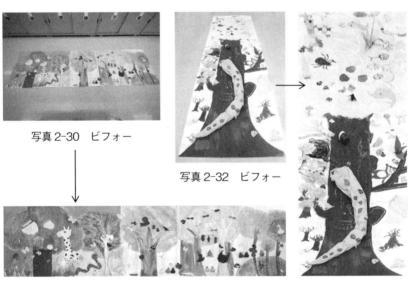

写真2-30　ビフォー

写真2-32　ビフォー

写真2-31　写真2-30のアフター

写真2-33　写真2-32のアフター

カ　作品を切り抜く

　平面作品は、「トリミング」によって作品だけを切り抜くことができるが、立体作品も別の方法を使えば、写真2-34を写真2-35のように切り抜くことができる。

写真2-34　ビフォー　　　　　写真2-35　アフター

②　情報を発信しよう

　パソコンやスマートフォンを使う人が多いので、ICTによる情報発信は積極的に行いたい。ただし、使えない人もいるので、使えない人が不利益にならないように配慮する。

　園のホームページを見ると、積極的に更新して活用している園と、ほとんど更新されていない園がある。情報発信の重要性を否定する保育者はいないのに、この差はなぜか。ほぼ更新しないホームページなら、怠慢と誤解されないためにも止めたほうがよい。

　多忙やパソコンが苦手であることを理由に、後回しになっていないだろうか。多忙なら、情報発信のための時間を確保するために業務内容を見直すとともに、仕事の効率化を図る必要がある。パソコンが不得意なら、勉強すれば済む。要するに、情報発信の重要性を本気で自覚しているかどうかである。

　個人情報の保護やセキュリティに配慮しながら、保育者はもちろん、保護者や子ども自身のために、ホームページやSNSなどで情報を積極的に発信して

行きたい。

　安部幼稚園（横浜市）のホームページや、のぞみ幼稚園（鹿児島県薩摩川内市）のFacebookは見習いたい。

　ICTの変化は著しい。特に、教育・医療・福祉の分野でも、さまざまな取り組みが行われている。先駆的な実践例から、大いに学ぶべきである。研修も、保育に関するものはもちろんだが、ICTに関するものにも積極的に参加したい。

第 3 章
子どもにとっての「造形活動の意味」を考えよう

1 造形活動の本質を考えよう

(1) 保育者が学ぶ意味を考えよう
① 「やり方」や「作り方」ではなく、題材や指導方法の根拠を学ぼう

毎日を子どもがどのように過ごすか、子どもにどのような活動をさせればよいかを考えることは、保育者にとって大変なことにちがいない。

やり方や作り方（ハウツー・マニュアル・指導技術）をまねすると、それなりに時間は過ごせる。しかし、それでは、活動はできても子どもが学んだことにはなりにくい。自分が実施した題材の中から、効果的な題材を改善して行うにしても、図書などを参考にして行うにしても、題材や指導方法に教授学的な根拠が明確でなければならない（「④題材と指導方法の教授学的根拠」）。根拠もなく、「作品づくり」だけをまねして活動させると、作品はできても子どもの学びは深まらない。「⑤具体的

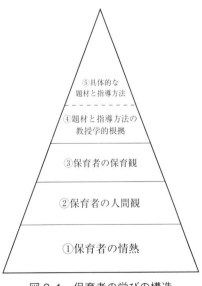

図3-1 保育者の学びの構造

な題材と指導方法」に土台がない状態となる。

　活動場所を例にとっても、なぜ床なのか、なぜその机の高さで、その広さで、その材質なのかなどを、根拠を持って準備しなければならない。活動の結果、問題がなければすればそれでよい。問題を感じたら、「どんな理由で問題なのか」を考える。次に、当初の根拠を見直して、新たな根拠による活動場所を設定する。机の広さを例にとると、「その広さの机でよい」という表面的な理解を克服できる。「このような理由で、その広さの机がよいと判断した」と、机の広さに対する保育者自身の根拠を持つことができる。

　また、プチマジー（マーカーの一種で、1歳児や2歳児が持ちやすい）を使った実践から学んで、やてみることは大事である。ここでも重要なことは、「導入してよかった」で終わるのではなく、プチマジーの長所と課題を子どもの活動から考えることである。そして、そこで明らかになった根拠に基づいて、他の道具を探したり、自作することにもつなげていただきたい。つまり、ハウツーや指導技術を安易に模倣するのではなく、学ぶべきはその根拠である。ただし、根拠まできちんと書かれている図書は少ないので、読み取ることが必要である。

　子どもが学ぶためには、題材と指導方法の教授学的な根拠を明確にしながら、子どもが学ぶための構想をしっかり立てるなければならない。つまり、保育で問われるべきは、子どもが「何をしたか」「どんな作品を作ったか」ではなく、「何を学んだか」である。

　「④題材と指導方法の教授学的根拠」以上に重要なことは、その土台となる「③保育者の保育観」であり、「②保育者の人間観」である。更に、⑤④③②を動かすのは、「①保育者の情熱」である。研究会などでの議論は、残念ながら「⑤具体的な題材と指導方法」にとどまっていることが多い。つまり、「やり方や作り方」である。「やり方や作り方」を直接的に決定づけている「④題材と指導方法の教授学的根拠」、更に、「③保育者の保育観」や「②保育者の人間観」にまでつなげて議論しないと、「やり方や作り方」は変わっても本質は変わらないことになる。

　保育者が力量を高めることは、今までの自分と変わることである。つまり、

保育者自身の「教授学的根拠」や「保育観」及び「人間観」が変わることである。「教授学的根拠」や「保育観」及び「人間観」が変わることで、「やり方や作り方」つまり「⑤具体的な題材と指導方法」も本質的に変わることができるのである。どんな作品をどのように作らせるかの「⑤具体的な題材と指導方法」のみに、関心が向いてはならない。

　保育の現場は、教授学に課題があることが指摘されている。教授学は、「⑤具体的な題材と指導方法」の根拠（エビデンス）を明らかにすることである。

　また、保育は人間に関わる学問なので、哲学・心理学・医学・保健学・社会学・歴史学・芸術学・生物学・地学・工学など、あらゆる分野が関わる総合的かつ学際的な学問である。保育者が「題材（指導内容）や指導方法」にしっかりした根拠を持つためにも、これらの分野の探究も不可欠となる。

②　保育者こそ、研究者である

　保育者は実践者であるとともに、研究者である。大学や研究機関に勤務している者だけが研究者ではない。保育者が、大学の教員になることも珍しくない。

　大学教員には、机上の議論ではなく、実践を深く読み取る能力が求められる。なぜなら、学生に対して、最新の知見と実践力を身に付けさせなければならないからである。同時に、大学の社会的貢献として、保育現場の質の向上にも関与することが求められているからである。

　保育者は、研究者に過剰な期待をしてはいけない。保育者が実践して、研究者が実践の意味を考えるという分業は、そもそもおかしい。保育者は、実践を通して、実践者の課題とされる「教授学」に対する研究を深めていかなければならない。

　保育者は、研究しながら実践している。実践の結果も、評価しながら研究している。保育者にとって、実践と研究は一体のものである。そして、「教授学」に対する研究を深めることは、簡単にいえば、日々の実践の意味や根拠を整理していくことである。自分の実践を客観的に把握しながら、一般的な法則を見いだしていくことである。もっと簡単にいえば、日々の実践を深く考えることにほかならない。

研究者の課題である「実践知」、実践者の課題である「理論知＝教授学」、この両方が深められてこそ、研究者と保育者の連携がほんものとなる。

③ 子どものためではなく、保育者自身のために学ぼう

よく、「子どものために」と言ってはばからない保育者がいる。子どものためになっていると信じたいが、断定はできない。傷口に塩を塗っているかもしれないし、自分よりも力量がある保育者が教えたら、子どもたちはもっと生き生きと活動するかもしれない。

要は、保育者自身が、自分の能力を高めるために学ぶのである。決して、子どものためではない。

④ 保育者自身の切実な力量不足感こそ、保育者が学ぶ原動力となる

保育者に限らず、誰も自分が完成された人間であるとは思っていない。当然、勉強しなければならないと思っている。

しかし、頭で考える程度の力量不足感からは、切実感が伝わってこない。ある程度の勉強はするかもしれないが、力量不足に対する危機感がないと、死にものぐるいの勉強はしない。

人間は本質的に、自己を肯定するし、変化を簡単には受け入れない。保育者としての自分の力量に、及第点を付けがちである。現状で、深刻に困っているわけでもない。このような状況では、必死な勉強が生まれない。

一方、子どもを目の前にして立ち往生したり、優れた実践や研究に触れたり、研究会の議論などを通して自分の力量不足を思い知らされたりすると、ここで始めて力量不足が切実かつ深刻な問題になる。この切実で深刻な保育者としての力量不足感が、真の学びをスタートさせる。

真の学びを誘発する出会い（図書、研究会、研究者及び実践者など）を求めて、アンテナを広げ、積極的に行動する保育者でありたい。職場中心の閉鎖的な状態で、いくら努力して実践しても、自己満足に陥りやすい。そして、なによりも自分の実践の長所と課題に気づきにくい。

研修は基本的に、強制されるものではない。積極的に他から学ぶかどうかは、保育者一人ひとりの意識にかかっている。

第3章　子どもにとっての「造形活動の意味」を考えよう　*99*

(2) 造形活動は、対象に直接働きかける

①　造形活動は、非言語活動である

「造形活動」は、基本的に非言語活動であり、論理的な思考を要する「言語」や「数量」などとは異なる。とはいえ、造形活動の途中や終了後などに、言語を絡めることはある。特に、2歳頃〜3歳頃の「みたて・つもり期」は、「1対1の対話活動」が重要である。この時期の子どもたちの造形活動は「言葉そのもの」でもあるので、子どもから聴きながら対話しなければならない。しかし、この時期でも、造形活動（色・線・形）自体は、非言語である。

発達段階や造形活動の内容によっては、言語活動と結び付けることが必要である。しかし、本来非言語の造形活動に、言語を介入させすぎてはいけない。あらかじめ、言葉や図面で作りたいものを明確にすることには慎重でありたい。造形活動は、操作しているうちに色や形が変化する。その変化する色や形、あるいは仲間などの表現からイメージが触発されて、当初考えていたものから変化していく場合が少なくない。造形活動は、工業製品ではない。設計図を作って、設計図どおりに作る必要は全くない。

鑑賞や評価も、言葉を過信してはならない。造形活動は非言語なので、言葉で説明しきれないことを前提に考えなければならない。

いずれにしても、言語を介入させすぎてはいけない。保育者の一言で、子どもの造形活動が萎縮したり、主体性が発揮されないことがないようにしたい。

重要なことは、非言語活動である造形活動において、子どもが興味を持って主体的に取り組み、成就感を得られる言語活動が求められる。つまり、「造形活動そのもの」と「造形活動に関わる言語活動」は敵対するのではなく、協調・補強・共同・補完・友好の関係でなければならない。

②　造形活動は、身体を使って材料や道具を直接操作する

造形活動は、道具をいっさい使わないで素手や素足などで材料に直接働きかけたり、マッキーや筆やハサミなどの道具を使って材料に働きかける。

身体活動（体育・運動）も、身体を使う。体育は、身体のみの場合もあれば、用具を使用する場合もある。音楽活動も、身体を使って楽器などを演奏したり、声帯を使って直接音を出したりする。

造形活動も身体活動も音楽活動も、身体を使うことは共通するが、違いはなにか。身体活動は身体の操作そのものが目的だったり、動きながらの操作だったりする。音楽活動も、声帯の操作だけだったり、身体を通しての操作だったりする。身体活動と音楽活動は、操作する対象がなかったり、あっても動いたりするのに対して、造形活動は操作する対象が常に眼前にあり続ける。

③　**造形活動は、対象への働きかけがリアルタイムでフィードバックされる**

造形活動は、働きかけによる色や形などの変化や、材料や道具を操作する感覚が、視覚や体性感覚（体性感覚は後述する）を通して逐次確認できる。

身体活動（体育・運動）も、身体のみであれ、用具を使用する場合であれ、操作がリアルタイムでフィードバックされることは、造形活動と共通している。

音楽活動も、操作による音がリアルタイムでフィードバックされることは、造形活動や身体活動と共通している。ただし、音は出た瞬間は確認できるが、すぐに消滅するために、時間が経過すると確認できない。

その点、造形活動は、「目の前の対象（材料や道具）」への「具体的な働きかけ（操作）」が、ストレートに「自分の行為」として確認できる。更に、音のように対象がすぐに消えることがないので、行為を確かめることができる。

④　**造形活動は、たくましく生きる人間の基盤をつくる**

造形活動は操作が手ごたえとして確認できるため、「対象・操作・自己」の関わりが確認できる。更に、操作しながら、能動的かつ主体的な活動を通して、成就感を味わうことができる。この成就感が、意欲や主体性を高める。意欲や主体性の高まりこそ、人間を支える大きな基盤となる。

⑤　**造形活動から、子どもの内面が分かる**

造形活動は確認することができるので、造形活動の過程及び結果（作品）から、子どもの状態（発達や思い）が推測できる。更に、造形活動に込められた子どもの思いは、子どもから聴くことによって確認することができる。特に、具体的な形を作ったり描いたりすることができない子どもは、線や丸などに込められた意味を聴き出す必要がある。保育者から見ると線や丸などかもしれないが、子どもにとっては意味があるのである。子どもにとって、「造形表現

（絵）は言葉である」ことを、保育者は強く意識しなければならない。

　園の子どもたちにとっての造形活動は、対象に働きかけながら自己表現する活動であり、芸術作品づくりを意図して行われるものではない。安心できる保育者の仲立ちによって、対象への働きかけが活発になっていく。

(3) 情操は「引き上げる」ものではなく、「育む」ものである

　「情操」という言葉は、よく使われる。しかも、「情操教育」はもっぱら芸術科目に委ねられ、狭義に捉えられることが多い。

　「情操」は頻繁に使われている用語なのに、きちんと説明できる人は極めて少ない。「情操教育＝芸術教科」程度の意識で、あいまいに使われているのは事実であろう。

　「情操」の用語は、中国の古典にはなく、明治期になって、心理学用語sentiment の訳語が定着したものとされる。

　伝統的な「情操」の意味は、「感情のうち、道徳的・芸術的・宗教的など文化的・社会的価値を具えた複雑で高次なもの」[4]とされる。この伝統的な「情操」の概念によると、「情操」は「感情」が高次化したものとされる。「感情」は幼稚で、自己本位で、衝動的で、生理的で、一時的なものと見なされ、知性と意志によって「価値（自我）感情」、つまり「情操」へと高め、引き上げられたなければならないとする。この伝統的な「情操」の概念を、筆者は「感情高次化・理念化説」と名付けている。

　一方、筆者は「心情・心情成育説」の重要性を主張してきた。「心情・心情成育説」によると、「情操」は感情を高めたり、引き上げるものではなく、心情そのもの又は心情が成育したものとしている。精神はときとして生命を脅かす存在であるから、精神と身体をつなぐ心情の成育によって、精神と生命（肉体と心情）の調和を図ろうとする考え方である。この場合の「情操」は、感情が高次化したものではなく、豊かな心、豊かな感情といってもよい。

　伝統的な情操の考え方（「感情高次化・理念化説」）によると、「感情」と「情操」をどのように区別するのだろうか。幼児は、「情操」と無縁だというのだろうか。いや、そんなことは決してない。幼児も、豊かな心、豊かな感情を

持っている。

「感情」を低次なものとして否定的に捉え、保育者が指示や命令によって、高次なものと捉えている「情操」に無理に引き上げるならば、子どもは萎縮してしまう。そうではなく、子どもが信頼できる保育者や仲間に見守られ、子どもの心そのものが主体的に豊かに育まれていくことが重要である。

「情操」は表3-6（117頁）の、子どもが保育者に「やらされる活動」ではなく、子どもが主体的に「する活動」によって育まれるのは明らかである。

(4)「作品づくり」から脱却しよう

「造形活動＝作品」となり、「どんな作品を作らせたらよいか」が保育者の主たる関心事になりがちである。造形活動の内容は制作（ここでは、感触遊びや造形遊びも広義の制作・作品とする）なので、作品づくりを抜きに成立しないのは確かである。

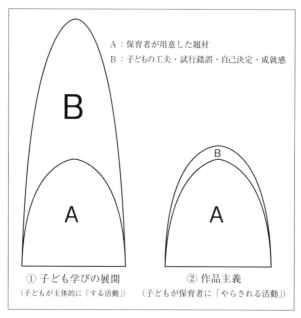

図3-2　保育者の考え方による子どもの学びの相違

第3章　子どもにとっての「造形活動の意味」を考えよう　*103*

　保育者個人が活動内容を考えるのは限界があるので、図書・研究会・公開授業や公開保育・参観などを通して、他の実践を参考にしなければならない。

　保育者に導かれると、子どもは作品を完成させる。保育者が導くことは必要である。

　しかし、図3-2の②「作品主義」は、作品づくりで終わる造形活動や作品づくりをねらいとする造形活動であり、作品づくりが目的化する。同じ材料で、保育者に指示され、教えられたやり方で、同じ時間内で、同じような作品づくりが求められる。子どもは、せいぜい色や紙などを選んだり、描き方や貼り方などを考えるくらいで、子どもが主体的に工夫したり、試行錯誤したり、自己決定したりする場面は少なくなる。結果的に、子どもが保育者に「やらされる活動」となる。よって、成就感も期待できない。

　残念ながら、教育・保育の現場では、この「作品主義」が支配的である。幼稚園・保育園向けの造形活動の図書の多くも、題材集が多い。これらの図書には、作品の作り方の詳細は書かれていても、学びの深め方まで書かれているものは少ない。

　これに対して、図3-2の①「子どもの学びの展開」は、豊かな生活を通して、子どもが主体的に工夫し、試行錯誤し、自己決定する場面が広がり、発見や驚きや成就感にあふれる造形活動であり、仲間や保育者とつながる造形活動である。保育者が用意した題材を手がかりに、子どもの主体的な「する活動」が広がる。保育者も子どもも予想できなかった活動が展開される。

　図3-2の①「子どもの学びの展開」は、表3-6（117頁）の子どもが主体的に「する活動」である。子ども主体かつ子どもと保育者の両主体によって、子どもの「する活動」が深められ、学びが高められる。

　一方、図3-2の②「作品主義」は、表3-6（117頁）の子どもが保育者に「やらされる活動」である。保育者が想定した作品はできるが、子どもの学びは決して深められない。

　保育者は誰でも、子どもによかれと思って造形活動を展開している。しかし、自分の造形活動の基本的な考え方を、客観的に見直したい。図3-2の①「子どもの学びの展開」のような、造形活動が展開されなければならない。そし

て、このような造形活動によって、子どもの人格形成に寄与しなければならない。無論、人格形成には、造形活動以外にも、遊び・運動・音楽などのさまざまな領域が関わってくる。

「子どもの学びが深まる活動」となるためには、作品づくりに内包される具体的な学びの場面に子どもが深く分け入ることができるように、題材の特質を生かしながら、子どもの発達年齢などの実態に合わせて支援していかなければならない。

造形活動で重要なことは、「何をしたか（どんな作品を作ったか）」ではなく、「何を学んだか」である。「どんな作品を作らせたらよいか」に、意識が向きすぎてはいけない。

保育者に問われるのは、子どもが学びを深め、成就感を得るための「保育の構想」である。

同じような題材でも、保育者の考え方によって、図3-2の①のように「子どもの学びが深まる活動」にもなれば、②のような子どもが保育者に「やらされる活動」にもなる。

(5) 「五感」を克服し、「体性感覚」を重視しよう

「五感に訴える」「五感を総動員して」「五感に働きかける」など、しばしば、「五感」という言葉が使われる。「五感」は、「視覚」「聴覚」「嗅覚」「味覚」「触覚」を指し、それぞれ「眼」「耳」「鼻」「舌」「皮膚」に感覚器官があって、大脳皮質で受容される。「五感」のうち、「視覚」「聴覚」「嗅覚」「味覚」の4つの感覚器官は、それぞれ「眼」「耳」「鼻」「舌」にある。「五感」には含まれないが、三半規管による「平衡感覚」は「耳の奥」にある。「視覚」「聴覚」「嗅覚」「味覚」「平衡感覚」の5つは、感覚器官が局在する「特殊感覚」に分類される。「視覚」「聴覚」「嗅覚」「味覚」を除く、あと1つの「五感」である「触覚」は「特殊感覚」ではなく、「体性感覚」の中の「皮膚感覚」の1つとして、感覚器官が全身に存在する。「日本の生理学では五感の第5番目の感覚は体性感覚と呼ばれています」[5]と、五感の第5番目の「触覚」が「体性感覚」であることを確認している。

第3章　子どもにとっての「造形活動の意味」を考えよう　*105*

　「五感」では、「平衡感覚」「運動感覚」「圧覚」「温覚」「冷覚」「痛覚」「内臓感覚」が含まれない。「全ての感覚」の意味で「五感」の用語を使っているのかもしれないが、上述のように、「五感」は「全ての感覚」を表さない。

　また、「物を注視する」「音を聴き分ける」「臭いを嗅ぎ分ける」「味を確かめる」場合は主体的だが、「物が見える」「音が聴こえる」「臭いがする」場合は受動的である。つまり、「視覚」「聴覚」「嗅覚」は受動的な要素が強い感覚である。一方、「味覚」は自分で口をあけ、かんだりのみ込まないといけない。「触覚」も触られる場合もあるが、基本的には能動的に意志を持って触らなけ

表 3-1　感覚の分類（アンダーラインは「五感」を示す）

感覚の名称		感覚の特徴[6]
特殊感覚	視覚、聴覚、嗅覚、味覚、平衡感覚	目や耳、鼻など、特殊な器官の情報。 脳神経が担い、大脳皮質に伝達される。
体性感覚※	皮膚感覚 触覚、圧覚、温覚、冷覚、痛覚 （「痛覚、触圧覚［接触、圧力、振動の感覚］、温度覚」）と分類する場合もある[6]）	皮膚で感じる刺激や筋の伸張の感覚。脊髄、視床を経由して、大脳皮質に伝達される。
	運動感覚 （深部感覚） 四肢の動きの感覚、四肢の位置の感覚、筋の力の感覚、努力感、重さの感覚など[7]	
内臓感覚		胃痛、心拍数増加など、内臓で生じる感覚。一部を除けば、自覚できるものは少ない。

※　次のような分類もある。

皮膚感覚（触覚、圧覚、痛覚、温度感覚） 固有感覚（圧覚、位置感覚、筋肉／運動感覚） [8]	皮膚感覚（圧力、振動、小さな形状、摩擦、温度） 自己受容感覚（位置、力） [9]

ればならない。これを、「アクティブタッチ」という。

　岩村吉晃も、「能動的に手で外界を探索する時には、皮膚表在性の触、圧、温度受容器だけでなく、手の動きにより深部にある筋肉、腱、関節などの固有受容器も興奮することです。つまり、アクティブタッチは皮膚感覚だけでなく運動感覚を含み、視覚あるいは他の手がかりも役割を演じ、さらに運動系も関与する…」[10] と、体性感覚の重要性を述べている。

　また、渡邊淳司によると [11]、「粗い、滑らか、硬い、軟らかい」など、材質の属性を示す形容詞は多くないが、触覚のオノマトペが多いことを指摘している。二音節繰り返し型感覚オノマトペを 42 語選択し（表 3-2）、「硬・軟」「粗・滑」「乾・湿」を軸に二次分布を作成している。表 3-2 からも、いかに触覚・体性感覚の感覚が鋭く、繊細であるかが分かる。

表3-2　触覚オノマトペのリスト

かさかさ	がさがさ	くにゃくにゃ	ぐにゃぐにゃ	くにょくにょ	けばけば
こちこち	ごつごつ	こりこり	ごりごり	ごわごわ	さらさら
ざらざら	じゃりじゃり	しょりしょり	じょりじょり	しわしわ	すべすべ
ちくちく	つぶつぶ	つるつる	とげとげ	とろとろ	にゅるにゅる
ぬめぬめ	ぬるぬる	ねちゃねちゃ	ねちょねちょ	ねばねば	ふかふか
ふさふさ	ぷちぷち	ぶつぶつ	ふにゃふにゃ	ぷにゅぷにゅ	ぷにぷに
ぷるぷる	べたべた	ぺちゃぺちゃ	ぺとぺと	もこもこ	もちもち

　では、造形活動の場合は、どの感覚を主として使うのだろうか。マーカー、筆、ハサミなどの用具を使用する場合は、手で持ちながら動かすことになる。粘土などを素手で直接触る場合も、握ったり、たたいたり、くっつけたり、持ち上げたり、踏んだりと、手や足などで触りながら動かすことになる。

　ここで注目しなければならないのは、「主体的に身体を動かす」ことである。触りながら動かすことは、「触覚」を主とする「皮膚感覚」と、「運動感覚」が密接に関わることである。「体性感覚」は、「皮膚感覚」と「運動感覚」の 2 つで構成される。「描画」や「粘土」などで対象に働きかけた結果は、逐次、手ごたえとしてフィードバックされるとともに、眼（視覚）でも確認することができる。

紙を切る音を聴いたり（聴覚）、粘土の臭いを嗅いだり（嗅覚）、粘土をなめたり（味覚）することもないわけではないが、造形活動では、働きかけた結果が見える「視覚」と、働きかけるために身体を動かし、その結果がフィードバックされる「体性感覚（触覚を主とする皮膚感覚と運動感覚）」が、重要となる。

　造形活動以外でも、例えば「数」を覚える場合、眼で具体物や反具体物を見れば分かりそうだが、体性感覚（皮膚感覚と運動感覚）と運動野を活用して、具体物や半具体物を数えながら動かすことによって理解が確かなものになる。ピアノもスポーツも、身体が覚えるといっても過言ではない。病気などのために動けない場合は別として、「体性感覚」抜きに、人間が行動し、認識し、思考することは考えられない。

　また、特殊感覚と内臓感覚に対して積極的に働きかけることは困難だが、体性感覚への積極的な働きかけは可能だし、積極的に働きかけるべきである。体性感覚に対する積極的な働きかけは、子どもの時だけではなく、生涯にわたって必要である。

　大脳皮質全体の髄鞘化は、10歳前後にほぼ完成するといわれているのに対して、「体性感覚野［一次体性感覚野（皮膚感覚と運動感覚）］」と「運動野」は２歳頃といわれている。このことは、乳幼児期において、「大脳皮質でも比較的大きな場所を占める「体性感覚野［一次体性感覚野（皮膚感覚と運動感覚）］」と「運動野」への働きかけが重要であることを意味している。

　感覚野と運動野に対する積極的な働きかけは大脳皮質の髄鞘化を促進するとともに、感覚及び行動全体の活性化や安定にも寄与すると考えられる。

　図3-3及び図3-4からも、「皮膚感覚」と「運動感覚」からなる「体性感覚」は、「特殊感覚」と「内臓感覚」をつなぐ重要な感覚であることが分かる。「体性感

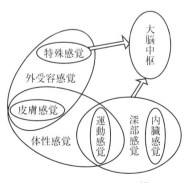

図3-3　感覚の関係[12]

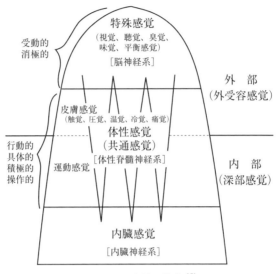

図 3-4　感覚の構造[13]

覚」は、市民権を得ているとは言えないが、教育・保育はもちろん、人間にとって「体性感覚」の重要性を強調しても、強調すぎることはないだろう。自己認識の基本も、体性感覚とされる。[14]

渡邊淳司は、「体性感覚」を「触覚」と広く捉えて、身体と情報結びつける触覚がもたらす知を「触知性」としている。

ただし、いくら「体性感覚」が重要性であるといっても、触覚や運動感覚を使って身体を動かすだけではよくない。試行錯誤しながら、工夫してさまざまに働きかけながら、手ごたえが実感できるまで、「体性感覚」が揺さぶられなければならない。

大脳皮質の中心には、中心溝がある。中心溝を挟んで、「運動野」が前方（前頭葉の後部）に、「感覚野（一次体性感覚野）」が後方にある。図3-5 はカナダの脳神経外科医、ワイルダー・ペンフィールド（Wilder Graves Penfield）による地図で、「ペンフィールドマップ」と呼ばれている。「運動野」と「感覚野」はそれぞれ、身体各部の機能を担っている（体部局在性）ことを明らかにした。「感覚野（一次体性感覚野）」と「運動野」の部位は同一ではな

第3章 子どもにとっての「造形活動の意味」を考えよう　109

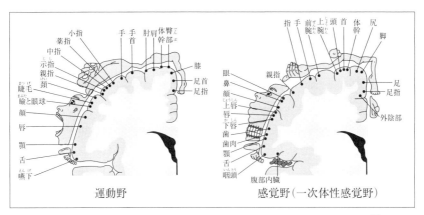

図3-5　運動野・感覚野の体部位局在性（ペンフィールドマップ）[15]

いが、極めて類似していることが分かる。この「ペンフィールドマップ」から、以下の3点を学ぶことができる。

① 「運動野」と「感覚野」は一体である

大脳皮質の中心溝を挟んで、図3-5の「感覚野（一次体性感覚野）」と「運動野」が対のように向かい合って、一体となっている（図3-6）。この2つの領域は、解剖学的にも強い皮質間結合を持っており、強力な相互投射があると言われている。[16]

「運動野」は、「感覚野」や「前頭葉、小脳、大脳基底核」などと連携して、運動するために、筋肉を収縮させるための電気信号を送る場所である。

例えば、物を持ち上げようとするとき、持ち上げ始めたときに力が足りないと感じれば（感覚野）、瞬時に力を増やして持ち上げる（運動野）。

粘土を手で押す場合も、思うように引っ込まなければ、力が足りないと判

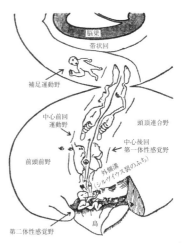

図3-6　ヒト体性感覚野と運動野[17]

断して、さらに力を加える。のりを伸ばすきも、紙がしわができそうになると、伸ばす力を加減する。

このように、「感覚野」と「運動野」は「入力」と「出力」の関係であり、連動しながら、一体となっている。

② 手、顔、口の占める割合が大きい

図3-5で「手、顔、口の占める割合が大きい」ことは、それらが人間にとって重要であることを意味している。特に手の働きの重要性は、指摘するまでもない。

また、顔や口は、生命の維持に重要な栄養を摂取したり、呼吸や発声に関わっていることなどが挙げられる。更に、舌は、味覚はもちろん、根源的な触覚の役割も持っている。

物体の表面のざらつきは、視覚でもある程度は確認できる。しかし、実際にどうなっているかは、手で触ったり、手で持ってみたりしないと分からない。極小・極細の物でも手で触ると分かることは、誰でも経験的に理解している。判断や思考や認識にとって、「体性感覚」の中でも手の働きが重要性であることは、このことからも理解できる。「手ごたえ」とは、よく言ったものである。手を主とした、直接的な働きかけ（体験）を抜きに、判断力や思考力や認識力は育たない。

③ 手を中心に、身体を使うことが重要である

手や身体は、造形活動のみならず、あらゆる生活場面で積極的に使うべきである。造形活動の特許ではない。座学中心から決別したい。手や身体を使う活動は、遊び（木登り、砂遊び、ブランコ、ボール遊びなど）、運動（かけっこなど）、調理、労働（栽培など）などで、積極的に展開したい。

造形活動の場合も、のりやハサミなどに偏重してはいけない。年齢や興味・関心などに応じて、さまざまな材料や道具との出会いを設けたい。

手や身体を積極的に使うといっても、保育者から「やらされる」活動では意味がない。仲間や保育者と関わりながら、子ども自身が、発見や驚きや手ごたえを実感できる「する活動」でなければならない。

2　活動内容を吟味しよう

（1）徹底的に教材研究・解釈しよう

　作品の作り方を書いてある図書を見て、まねすると、作品は簡単にできる。しかし、保育者が想定した作品が、子どもたちから要望や意見が出されたり、子どもが試行錯誤したりすることによって、当初の想定から変容・発展していかなければ、子どもに学びや成就感は育まれない。

　そのために、状況の変化に柔軟に対応できる知識・技術が、保育者に求められる。この知識・技術を身に付けるためには、保育者自身による、徹底的な教材研究・解釈が不可欠である。

　伊藤功一[18]は教材研究・解釈を「第一次教材研究・解釈」と「第二次教材研究・解釈」に分けている。更に、湯浅恭正[19]は「第三次教材研究・解釈」の重要性を指摘している。

　伊藤によると、「第一次教材研究・解釈」は、その教材に関わることを長時間かけてかみ砕く作業としている。「第二次教材研究・解釈」は、「第一次教材研究・解釈」から不要なものを切り捨て、授業を組織するための核を明らかにしながら、授業を具体的に構想する作業としている。「第一次教材研究・解釈」は授業と直接の関係はないが、「第一次教材研究・解釈」は「第二次教材研究・解釈」、つまり授業の構想をするために不可欠な材料となる。

　また、湯浅恭正は、子どもの教材解釈を教師がどう判断して対応するかという「第三次教材研究・解釈」、つまり、子どもの側からの教材研究・解釈の重要性を指摘している。更に、PDCA サイクル（Plan［計画］→ Do［実行］→ Check［評価］→ Act［改善］）に照らせば、第一次〜第三次の教材研究・解釈は「Plan［計画］」である。保育「Do［実行］」を終えたら、実践を振り返りながら「Check［評価］」して、新たな「教材研究・解釈（第四次）」を生み出し、改善（Act［改善］）につなげていかなければならない。

　このように、教材研究・解釈に終点はない。徹底的に教材研究・解釈をし続けられる保育者でありたい。

表3-3 教材「粘土」の全体構造

粘土	特　　　質	①可塑性があり、働きかけに応じて自由に変化する。 ②働きかけに対する自由な変化は、新たなイメージを触発する。 ③作り直しが容易である。 ④「泥んこ遊び」から「自由な作品づくり」「食器などの実用品」まで可能である。 ⑤手を中心に足など身体全体を使うので、体性感覚に強く働きかける。 ⑥土粘土に含まれる「水」は人間にとって原初的な物質であり、「水」との触れ合いは心を安定させる。 ⑦粘土の適度な重量感は、手ごたえを実感しやすい。
	種　　　類	小麦粉粘土　パン粘土　おがくず粘土　わらび餅粘土　米粉粘土　寒天粘土　パルプ系粘土（紙粘土、液状紙粘土石粉粘土、軽量粘土）　油粘土 樹脂系粘土（樹脂粘土、ゴム系粘土、熱硬化粘土） 土系粘土（彫塑粘土、テラコッタ粘土、陶土、半磁器土、磁器土） パラフィン系粘土（みつろう粘土、石けん粘土）
	土粘土の入手先	①手作り（原土を採取し、はたき土に精製する） ②土粘土瓦・れんが製造業者 ③土粘土専門業者　④陶芸専門業者　⑤教材屋
焼成	焼成方法による分類	無施釉〜①素焼き（550〜　800度程度）　②土　器（550〜　900度程度） ③炻　器（1,000〜1,300度程度） 施　釉〜④楽焼き（800〜　900度程度）　⑤陶　器（1,100〜1,300度程度） ⑥磁　器（1,200〜1,400度程度）
	焼　成　方　法	無施釉〜①素焼き：電気窯が多い　②土器：野焼き又は簡単な薪窯 ③炻器：本格的な薪窯（穴窯又は登り窯） 施　釉〜④楽焼き　⑤陶器　⑥磁器：電気窯・ガス窯・灯油窯・本格的な薪窯
用	途	遊び　鑑賞（置物、壁掛け） 実用（土鈴、花瓶、食器、灰皿、箸置き、傘立て、楽器）
成　形　方　法		遊び　自由制作　手びねり　ヒモづくり　たたらづくり　型づくり　鋳込み　ろくろ
施釉	施　釉　方　法	浸しがけ　流しがけ　吹きがけ　塗りがけ　スポイトがけ
	絵付けの方法	下絵付け　上絵付け　／　象嵌
道具	土粘土の準備	土練機　容器　ふるい　木づち　げんのう
	成　　　形	糸　　定規　　はさみ　　竹ひご　　フォーク　　オモチャ　　粘土べら類 なわ　　金網　　こて類　　まきす　　ニードル　　シャベル　　しゅろなわ ひも　　紙類　　割り箸　　攪拌機　　木製ペン　　たたら板　　つまようじ 筆　　角材　　切り弓　　新聞紙　　じょうろ　　たたき板　　木製コンパス 布　　心棒　　木づち　　バット　　げんのう　　スコップ　　どろんこプレート 竹串　　トンボ　　ナイフ　　切り針　　なめし皮　　ドライバー 針金　　木ぐし　　さん板　　ネジ類　　切り針金　　ろくろ（手動、電動、機械） 芯材　　ボウル　　金具類　　ストロー　　パイプ類　　鋳込み用石こう型 ドベ　　洗面器　　バケツ　　スタッフ　　スプーン　　機械ろくろ用石こう型 身近なもの（枝、葉、石、木の実、豆類、貝殻、ボタン、空き瓶、空き缶、歯ブラシ、瓶のふた、キャップ類）
	整　　　形	やすり　カンナ類　ろくろ（手動、電動）
	施　　　釉	釉薬　比重計　はかり　スポイト　釉がけばさみ　スポンジ 刷毛　霧吹き　溶き皿　ひしゃく　コンプレッサー 筆　攪拌機　乳鉢　パレット　ポットミル機
	焼　　　成	窯　棚板　支柱　温度計　オーブン　もみがら　ホットプレート 木材　着火材
	共　　　通	作業板（粘土板）　タオル　雑巾　シート　ポリ袋　鉛筆
技　　　　　法		握る　掘る　いじる　丸める　伸ばす　つなぐ　突っつく　ぶっつける 積む　触る　つかむ　ちぎる　つぶす　つまむ　かき回す　けっとばす 踏む　切る　えぐる　なでる　転がす　曲げる　踏みつぶす　持ち上げる 押す　削る　埋める　つるす　投げる　穴あけ　ひっかく　へこませる 塗る　刺す　なぞる　こねる　たたく　巻き上げる　型押し 畳む　貼る　ねじる　つなぐ　付ける　引っ張る　輪積み　板づくり 泥しょう　焼く

第3章　子どもにとっての「造形活動の意味」を考えよう　*113*

表 3-4　教材「粘土」と発達の関連

年齢（歳）	1　2　3　4　5　6　7　8　9　10　11　12
表現の特質（目安）	・さわる、いじる。　・「～つもり」で大まかにつくる。　　　　　　　・比較的細かく、写実的につくる。 　　　　　　　　　　　　　　　　　　　　　　　　　　　　　　　・立体的で、やや複雑なものをつくる。 　　　　・痕跡をみたてる。　・イメージに添って大まかにつくる。 　　　　　　　　　　・イメージに添ってつくる。
学習課題	・感触を楽しむ。　・進んで模倣する。　・並べたり、組み合わせたりする。　・多様な表現に挑戦する。 ・いろいろ働きかける。　　　　　　　　　　　　　　　　　・立体化、複雑化に伴う表現技術を身に付ける。 ・じっくり操作する。　　　　・生活の中で、興味・関心あるものを表す。 　　　　・対話して、言葉と絡める。　・経験したこと、見たこと、聴いたこと、知っていることなどを表す。 　　　　　　　　　　　　　　　　　　　　　　　　　　　・見ながら、似せてつくる。
主題	◀─────── 粘土は可塑性が高いので、「自由制作」を基本とする（必要に応じて「課題制作」を行う）。 ───────▶ 感触遊び　食べ物（だんご、ケーキ、寿司、ハンバーガー、目玉焼き、たこ焼き、弁当）　自然（山、川、カミナリ、雨、雪） 人形　怪獣　鬼　痕跡（みたて）　顔（父母、先生、仲間、アイドル、アニメの主人公、オバケ、宇宙人）　飾り（ブローチ、指輪、壁掛け、置物）　たばこ　雪だるま　痕跡（つもり）　乗り物（汽車、バス、自動車、自転車、飛行機）　建築物（家、学校、タワー、橋、風呂、プール）　楽器（土鈴、オカリナ）　自然　動物（ヘビ、サカナ、イヌ、カメ、ゾウ、トリ、ワニ、カタツムリ、モグラ、トンボ、ミミズ、ブタ、ウシ、ウマ、ネコ、クジラ、イルカ、イソギンチャク、ウサギ）　オモチャ　身体部位（手、足、鼻、口、耳、目、オッパイ、オチンチン）　器（皿、コップ、花瓶、傘立て）　行事　ユーモア（うんこ）　植物（野菜、果物［スイカ、ブドウ］、花、樹木）道具（メガネ、くつ、双眼鏡、カバン、箸置き、ボール、バット、競技場）

　次に、「粘土」を例に、「第一次教材研究・解釈」を考えてみたい。表 3-3 は、教材「粘土」の全体構造の概要である。この内容を網羅する、詳細な知識と経験に基づく技術を身に付けなければならない。表 3-3 の中で、「自分が知っているもの」「できるもの」「体験しているもの」をチェックし、自分が今後、教材研究・解釈しなければならないものを把握する。表 3-4 は、発達の視点から、教材「粘土」に関わる「表現の特質」「学習課題」「主題」を概観したものである

(2) 教材研究・解釈を基に、活動の構想を具体的に練り上げよう

　教材の全体構造に関わる表 3-3 と発達に関わる表 3-4 を加味して、担当している子どもの実態に合わせて、1 コマ 1 コマの具体的な活動内容と支援方法を構想しなければならない。

　子どもの活動状況に応じて、直接教えたり、指示したりすることは必要であるが、大事なことは、活動の中に子どもの主体的な活動を最大限に保証することである。それぞれの具体的な活動場面で、子どもが自分で判断し、試行錯誤できるため場面を想定する。そして、子どもが学びを深めて、成就感を得るための「環境設定」「仲間との関わり」「支援」などを具体的に構想して活動に臨

まなければならない。

　支援も、作品をスムーズかつきれいに仕上げさせることが目的なら、すぐに教えたり、指示したりすればよい。それでは、保育者が自己満足する活動であって、子どもが主体的に活動して、成就感を得ることにはならない。すぐには教えずに、子どもが自分で気づくように、様子を見ながら、段階的かつ小出しに支援してかなければならない。この、段階的な支援は子どもの学びに重要なカギを握るので、活動場面に合わせた具体的な支援を構想しておかなければならない。

　表3-5は、「支援の構造」である。間接的な支援から直接的な支援を段階的に分類した「段階的支援」と、段階に分けるのがなじまない「共通的支援」の2つで構成してある。「段階的支援」は、実際の活動で段階的な支援を行うための基本となる。これを活動内容に合わせて、各段階ごとの支援を具体的に考えて、準備し、支援する。

　「段階的支援」で、子どもの「気づかせ方」を考えてみたい。「気づかせ方」に関わるものは、「2 発問」「3 再生」「3 点検」「4 比較」「4 選択」「5 修正」の4段階6項目ある。これは、同じ「気づかせ方」でも段階が違うので、具体的な支援方法は違わなければならない。遠いヒントからより近いヒントまで網羅した、考えられるあらゆる具体的な働きかけを事前に考えておかなければならない。

　「～気づかせる」のみの記述で、どのようにして気づかせるのかが書かれていない保育案も散見される。子どもがうまくいかなくて困っているときに、ただ「～気づかせる」では抽象的で、「具体的にどのような働きかけをして気づかせるのか」が分からない。具体的な働きかけを事前に検討していれば、保育案に具体的に記載できるはずである。

　具体的な支援方法も、間接的なものから直接的なものまでの数段階を想定し、かつ各段階に応じた支援方法を考えておかなければ、子どもが主体的に取り組むための柔軟な対応が難しくなる

　また、「共通的支援」も、具体的にどのように行うのかを考えておかなければならない。例えば、「褒める」場合も、子どもの実態や活動に合わせてどの

第3章 子どもにとっての「造形活動の意味」を考えよう　*115*

表3-5　支援の構造[20]

1　段階的支援

段　階		名　称		内　　　容
間接的支援 （高位水準） ↓ 直接的支援 （低位水準）	1	静　観		・活動を見守る。
	2	発　問		・問いかけて、気づくようにする。
			確　認	「それでいいのかな」など。
			観　察	「みんな、何をしているかな」など。
			想　起	「前はどうだったかな」など。
	3	再　生		・子どもが話したことや行ったことを、そのまま繰り返して気づくようにする。
		点　検		・それでよいかを本人に点検させたり、保育者がいっしょに点検して、気づくようにする。
	4	比　較		・周囲の状況や友達のやり方などを比較させたり、良い例と悪い例をやってみせたりして比較させて、気づくようにする。
		選　択		・複数の選択肢から選ばせて、気づくようにする。
	5	修　正		・望ましい言い方ややり方に気づかせたり、教えたりして修正させる。
		説　明		・名称、理由、原因、意義、ポイントなどを教える。
		示　範		・見本を見せたり、やり方をやってみせる（部分、全体）。
	6	補　助		・できないところ、言えないところ、きっかけなどを補助する。
	7	介　助		・手を添えて、いっしょにやる。

2　共通的支援

集　中	・見るとき、聞くとき、話すときに、気持ちを集中させる。
促　進	・うまくとりかかれないときや、ちゅうちょしているときなどに行動を促す。
激　励	・励まして、意欲を高める。
称　賛	・良い点を褒め、いっしょに喜ぶ。
相　談	・友達や保育者に相談させて、気づくようにする。

ような具体的な褒め方をすればよいのかを、あらかじめ検討しておかなければ
ならない。

　無論、保育案には、段階的支援及び共通的支援に対応した全ての具体的な支
援方法を記載することは無理なので、主なものでかまわない。ただし、保育案
とは別に、全ての具体的な支援を網羅したものは準備しておきたい。

　このように、教材の全体構造に関わる表3-3、発達に関わる表3-4、実際の
活動の具体的な支援に関わる表3-5を網羅したうえで、題材に応じた活動を具
体的に構想しなければならない。

3　「子ども主体」の意味を考えよう

（1）「やらされる活動」ではなく、「する活動」を重視しよう

　子どもは、保育者から指示や命令されると、そのとおりに活動する。保育者
が考えたとおりに、スムーズに活動が展開する。しかし、これでは保育者の保
育であって、子どもの保育にはならない。

　保育者は、子どもが夢中になって取り組み、成就感や達成感や自己肯定感を
持てる題材を徹底的に考えなければならない。その題材を通して、子どもが保
育者や仲間と関わって、試行錯誤しながら主体的に活動してこそ、成就感や達
成感や自己肯定感を獲得できる。

　表3-6は、「やらされる活動」と「する活動」を対比したものである。残念
ながら、保育の現場では、「やらされる活動」が多く展開されているのは否定
できない。表3-6の「やらされる活動」と「する活動」を比較すると、それぞ
れの活動の特質が浮かび上がってくる。表3-6から、自分が行っている保育を
見直すことによって、改善の手がかりが得られるはずである。「する活動」こ
そ、目指す保育の姿であることは明らかである。

　保育者が考えるストーリーに沿う、結果を重視する「やらされる活動」で
は、保育者の指示や命令が多くなるとともに、子どもの気持ちが軽んじられ、
子ども主体の活動にはなりにくくなる。

第3章 子どもにとっての「造形活動の意味」を考えよう　*117*

表3-6 「やらされる活動」と「する活動」[21]

子どもが保育者に「やらされる活動」	子どもが主体的に「する活動」
保育者主体 ・子どもが保育者にさせられる活動。 ・保育者の世界（大人の論理）。子どもの姿を借りた保育者の活動。 ・結果重視。	子ども主体／子ども主体と保育者主体 ・子どもがみずから学ぶ活動。 ・子どもの世界（子どもの論理）。子どもの保育、子どもと保育者の共同の活動。 ・過程重視。
保育者主体の活動 　保育者の構想を手がかりに、保育者が子どもとやりとりしながら活動が進められるが、保育者の考えが優先するため、子どもの行動は修正され、保育者の指示や命令によって、保育者が考える枠にはめられていく活動。 ・結果や課題の解決が目的化するため、分かることよりも、できることが重視される。 ・子どもどうしの関わりが豊かとはいえない。 ・失敗が受容されにくく、失敗しないための手だてが講じられるため、試行錯誤の過程があまり保証されない。 ・目に見える現象で判断する。 ・結果を重視するため、子どもを急かし、待てない。 ・結果を急ぐため、指示や命令や補助などが多くなり、子どもを支配する。 ・自分であまり考えず、保育者から指示されたことに、それなりに取り組む。 ・指示されたことを、自分の力の範囲でこなす。 ・個性があまり発揮されない。 ・工夫や発見や驚きが少ない。 ・知識や技能やスキルの習得。 ・できないことが一見できるようになる。 ・成就感や達成感や自己肯定感が少ない。 ・頭で理解する。	子ども主体／子ども主体と保育者主体の活動 　保育者の構想を手がかりに、保育者が子どもとやりとりしながら、保育者と子どもたちの共同によって学びが深められ、保育者も子どもたちも予想できなかった高みに登りつめる活動。 ・結果やできることよりも、分かることの過程が重視される。 ・子どもどうしの関わりが豊かである。 ・失敗が許容され、試行錯誤の過程がじゅうぶんに保証される。 ・一歩先の課題（発達の最近接領域）。 ・目に見えない内面を探る。 ・過程を重視するため、子どもに寄り添いながら、じっくり見守る。 ・最小限の支援によって、子どもの主体的な活動を引き出す。 ・活動に集中し、夢中になって取り組む。 ・自分で考え、判断して行動する。 ・自分の力が最大限に発揮される。 ・子どもの多様な個性が尊重される。 ・工夫や発見や驚きがある。 ・思考力や判断力の修得。 ・分かるため、できないことができるようになる。 ・成就感や達成感や自己肯定感がある。 ・心で理解する。

保育の現場では、ややもすると、子どもが保育者よりも未熟で劣る存在と捉え、上から目線で「教える」「指導する」になりがちである。保育者と子どもが、お互いに共感し合い、両者が主体となってともに高みに登る関係なしに、成就感や達成感や自己肯定感は育まれない。保育者が一方的に「教える」「指導する」からは、決別しなければならない。

作品の作り方を説明して、「さあ、やりましょう！」と指示すると、子どもは保育者が考えたような作品を作る。それは、保育者の説明や指示をなぞっているだけで、子どもが工夫し、試行錯誤しながら、成就感を得る活動にはなりにくい。作る過程で、子どもが主体的に「する活動」が最大限に展開されなければならない。

確固たる教材研究・構想を基に、一つひとつの活動場面を丁寧に分析して、「する活動」となるための、具体的な環境設定、支援方法、他児との関わりなどのあらゆる要素を、徹底的に構想しなければならない。

この、子どもが主体的に「する活動」が保育の核心であり、「する活動」を保証し、高めていくことが保育者の責任であり、やりがいでもある。

(2) 保育者が「教えたいこと」を、子どもが「学びたいこと」に転化する

「子ども主体」はよいが、「保育者主体はよくない」と言われることがある。これは、大きな間違いである。なぜなら、保育は、保育者や子どもが一方的に行うものではなく、保育者と子どもが共同で、しかも「保育主体」と「子ども主体」が混然一体となって、学びを創り上げていくものだからである。保育は、活動場所と時間を共有する「保育者」と「子ども」の両者が主体となって営まれなければならない。「保育者」と「子ども」は、「主体―主体」の関係であり、平等・対等の関係である。保育者が上から目線で子どもを見た時点で、子どもの心に寄り添うことが困難となり、保育は破綻する。

① 保育は、文化を学び、継承する場である

「文化＝芸術」と、狭く捉えてはならない。「文化」は、「人間」若しくは「人間らしさ」であり、人間が創りだして積み重ねてきた行動・生活・思考様式の総体である。ヴィゴツキーも、人間的なものは文化的所産の発達であるとして

いる。

廣瀬信雄によると[22]、文化を「人間らしい行動の仕方、人間らしいものの考え方、人間らしい他人への接し方、人間らしいコミュニケーションの仕方等」とし、具体的な例に、「人間がつくりだしたもの（スプーン、豆腐、桃……）、人間が自然に対してとった態度（水、火、砂…などの扱い方）、人間が工夫したもの（ことば、記号、合図……）」を挙げている。そして、これらは、一人で身に付けられるものではなく、保育者から導かれ、仲立ちされ、教えられて、子どもが学ぶものであるとしている。

② 必要なことは、教えよう

保育者の介在を否定し、子どもの自由な活動のみに意義を見いだす考え方がある。幼稚園・保育園で、登園後などに行われる「自由遊び」の意義は否定しない。むしろ、必要である。

しかし、一日中「自由遊び」では、子どもが文化を学べない。保育は、文化の継承の場である。子どもの発達の状態などに合わせて、文化の内容を保育者が組織して展開する活動がメインにならなければならない。

その際、表3-6の「やらされる活動」ではなく、「する活動」でなければならない。保育者が一方的に、「教えたいこと」を過剰に説明したり、先回りしたり、押しつけたり、安易に教えたりするならば、保育者の暴走であり、子どもの「主体性」はないがしろにされる。保育者が「教えたいこと」を提示しながら、子どもが主体的に試行錯誤して、学びを深めて行く活動に転化していかなければならない。

つまり、保育では、「保育者が教えたいこと」を「子どもが学びたいこと」に転化するために、保育者が積極的に主導するのである。

版画を例にとると、版の作り方、印刷の仕方、紙や道具の使い方などは具体的に教えなければならない。そのうえで、子どもが実際にやりながら、体得していくものである。

保育者が、版画に対する知識と技術を持っていなければ、版画を指導することはできない。しかし、残念ながら、少し理解していればできてしまう怖さがある。スチレンボード版画で、版材への描き方、インクの量の調整、バレン

の使い方、ローラーの種類などに疑問を感じた実践も少なくない。当の保育者は、無論、自分の教材研究が完璧だとは思っていない。何が不足かの自覚もあまりない。何が不足かを実感していれば、とっくに改善しているはずである。

　保育者の力量を考えるとき、当の保育者が力量不足を実感しにくいことが問題である。自分の力量を広げるには、研究会での議論や他の実践などを通して、力量不足を痛感しなければ、教材研究は深められない。

　子どもに必要なことを保育者どれだけ教えられるかは、保育者の力量による。この保育者の力量が、子どもの学びに決定的に影響することを自覚し、教材研究を徹底的にし続けるしかない。子どもは、保育者を選べないのだから。

（3）自己決定の場面を多くしよう

　自分から何かをしている現象だけでは、主体的な活動とはいえない。自分らしさを最大限に発揮して、確かな学びが育まれてこそ、主体的な活動といえる。

　また、頭だけの理解からは決して学びが生まれない。学びは、いろいろな手がかりを基に、考えながら、いろいろやってみて育まれるものである。つまり、学びは、思考力や判断力を駆使して、身体も頭も使って体験的に行われるものである。

　例えば、工作でオモチャを作るとき、保育者が考えたとおりの作品を作らせたいなら、全員に同じ材料を使って、同じやり方で作らせればよい。そのほうが簡単だし、保育者も楽である。しかし、作り方、使う材料、着色の方法など、あらゆることを保育者が決めて子どもに指示すると、子どもが思考して、判断して、試行錯誤する場面が奪われる。保育者が考えたとおりの作品ができるにすぎない。

　保育者が、オモチャづくりに意味を見いだして、子どもに丸投げしてもオモチャはできない。最低限のことは教えなければならない。大事なことは、オモチャづくりの工程に、どれだけ子どもが自分で決める場面、主体的な活動場面、つまり、自己決定の場面があるかである。

第3章　子どもにとっての「造形活動の意味」を考えよう　*121*

　カメを作って着色や装飾をする場合、特別な場合を除き、1種類の材料に限定する必要はない。ハサミやのりを使えるなら、クレヨン、マーカー、絵の具などの描画材料のほかに、いろいろな紙や布などを貼ってもよい。保育者の想像を越えた作り方をする場合も少なくない。というより、保育者が予想しない活動が展開されなければならない。そのためには、材料や作り方を固定したり、制限することはあまり意味がない。

　子どもは、保育者の予想を越えて考えたり、工夫したりする。自分がイメージしたものを作るために、どの材料を使えばよいか、それをどのように切ったり貼ったりすればよいかなどを自分で決定する場面の保証なくして、子ども主体の学びは決して育まれない。

　「作品づくり」が目的なら、子どもが自己決定する場面はあまりなくてもかまわないが、それでは子どもに学びが育まれない。

　子どもに学びを育むためには、授業・保育の構想を練るとき、「保育者がきちんと教える場面」「子どもの様子に合わせて保育者が具体的に支援する場面」「子どもが自己決定して主体的に取り組む場面」などをきちんと整理したうえで、活動に臨まなければならない。

　造形活動は、保育者が考えたとおりの作品を作ることではない。造形活動は、子どもが保育者や仲間からも学びながら、主体的に判断して行われなければならない。

（4）試行錯誤を保証しよう

　「保育者が子どもに教えなければならないこと」と「子どもに任せること」の比率は題材によって異なるが、図3-7の①ように、題材には「教えるところ」と「任せるところ」がある。

　必要なことを、子どもに分かりやすいように説明したり、やって見せたりしても、保育者が考えるようにいくとはかぎらない。保育者に教えられ、指示されことを子どもなりにやってみて、試行錯誤したり、工夫して取り組むことが大切である。保育者は子どもの取り組みの様子を見ながら、必要に応じて、具体的な支援をしなければならない。子どもは、保育者の支援を受けて、さらに

試行錯誤や工夫をしていく。子どもに任せる場面も、様子を見ながら、子どもが成就感を得られるように、具体的な支援をしなければならない。

つまり、「保育者が一方的に教えたり指示する」ことでも、「子どもに一方的に任せる」ことでもない。「保育者が教えたり指示する」場合も、「子どもに任せる」場合も、保育者は子どもの様子を見ながら、子どもが主体的に試行錯誤や工夫をして、学びを深め、成就感を得るための具体的な支援をしなければならない。そのためには、図 3-7 の①を目指さなければならない。図 3-2（102頁）の①「子どもの学びの展開」であり、表 3-6（117頁）の「子どもが主体的に『する活動』」である。

一方、図 3-7 の②は、保育者が考えたとおりの作品ができるだけで、子どもの主体的な学びはない。いわゆる、図 3-2（102頁）の②「作品主義」であり、表 3-6（117頁）の「子どもが保育者に『やらされる活動』」である。

造形活動に限らず、物事は考えたとおりにはいかない。しかも、少ないチャンスしか与えられず、限られた時間内で試行錯誤も保証されないと、うまくいかなくて当然である。保育者からみると簡単なことかもしれないが、経験の少

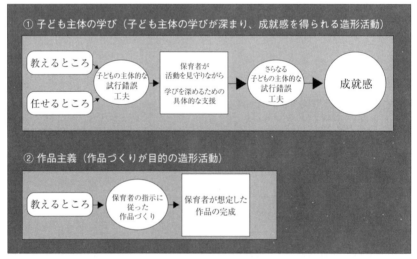

図 3-7 「子ども主体の学び」と「作品主義」

ない子どもは失敗してあたりまえである。失敗の連続かもしれない。それなのに、うまくいかないことを責めて、子どものせいにしてはいけない。

　学びに試行錯誤はつきものである。失敗したり、うまくいかなかったりすると、どうすればよいかを考えてやってみる。その結果うまくいくと、うまくいくための方法を学ぶ。うまくいかないと、さらに考えて一生懸命試してみる。この過程こそ重要である。

　砂遊びでも、勝手に遊んでいるように見えても、遊びを積み重ねる過程でいろいろ試しながら、砂や水の性質、道具の使い方、仲間との関わり方などを学んでいる。この過程は試行錯誤そのものであり、遊びは学びそのものである。

　造形活動で、ふざけて材料をだめにした場合はきちんと指導しなければならない。しかし、真剣に取り組んで材料をだめにすることもあれば、偶然だめになることもあれば、だめにはなっていないがやり直したいことなどもあるはずである。材料の追加を希望する子どもには、積極的に提供したい。配布した以外の材料を使いたい場合は、安心してもらえる雰囲気を日頃から作っていきたい。同時に、いかなる要望にも対応できるように、材料を豊富かつ余分に準備しておきたい。

　また、活動は1コマで完結しなければならないことはない。時間が不足なら、延長すればよい。当日で足りなければ、後日やればよい。

　子どもは保育者の予想を越えて変容し、成長する。図3-8は、特別支援学校における、4年間と6年間の変容例である。

　図3-8の「事例1の1年目」は「顔」のテーマを示したが、それ以外はテーマを示さずに、自由に制作させた。長期間の土粘土への関わりを通して、土粘土の性質を体験的に理解し、自由に操作できてきたことが伝わってくる。その結果、イメージどおりに作れるようになり、迫力のある作品になってきた。それ以上に、活動時における成就感や充実感が高まってきたことを実感している。

　作品のみに、目を奪われてはならない。作品は結果にすぎない。作品が生まれた過程や背景、成就感や充実感の高まりを重視しなければならない。

図3-8　4年間（事例1）と6年間（事例2）の変容例[23]

　保育者は、数年先の子どもの成長がイメージできなければならない。長いスパーンでイメージできなければ、その場しのぎの活動になるか、毎年同じようなことを繰り返すことになりかねない。

　子どもはそのときの活動に、試行錯誤しながら、精いっぱい取り組むことが全てであるが、保育者は数年先をイメージして、子どもに試行錯誤をじゅうぶん保証して、子どもが確かな高みに登る仲立ちをしなければならない。

　子どもが主体的に思考し、判断し、試行錯誤する確かな過程がないと、学びは成立しない。この過程が、最大限に保証される保育内容の準備と支援が重要となる。

4　子どもを理解しよう

(1) 保育者は、自分の子ども時代のことをとっくに忘れている

　保育者は教える当事者だから、「教える立場」は分かる。しかし、保育者自身が子どものときに、「こうしたらうまくいった」「こう教えてもらったらできた」「あれは難しくてできなかった」などは覚えていない。保育者自身も、かつては「学ぶ立場」だったが、「学ぶ側の立場」はとっくに忘れてしまっている。中田基昭も、「教える内容をすでに理解してしまった教師は、それを理解する前の状態に戻ることができないため、教える内容を理解していない子どもの立場に立って子どもに教えることが、もはやできにくくなっています」[24] と指摘している。

　そもそも、子どもは保育者が考えたとおりには行動しないし、思考もしない。よって、「学ぶ側の子どもの気持ちは分かる」という前提に立つべきではない。そのうえで、子どもとのやりとりの内容、子どもの表情、周囲の状況などから、子どもの内面を理解する努力をしなければならない。

(2) 先入観・固定観念を捨てよう

　自分が、先入観で物事を見ていることを自覚している人はいないだろう。見る人の「概念・知識・常識」自体が、先入観といえる。我々は、先入観から逃れることはできない。「概念・知識・常識」で見ることは、その範囲でしか把捉できないことを意味する。かつ、物事は保育者個人の「概念・知識・常識」だけでは捉えられない。

　吉増克實は [25]、認識を「自然科学的認識」と「現実学的認識」に分けている。そして、「自然科学的認識」は概念化された分しか見えないことを指摘している。一方、「現実学的認識」を「共感的認識・感動的認識」とし、共感的・感動的な関わりの重要性を指摘している。

　保育者が「概念・知識・常識」という"あたま（概念）"で子どもを見ようとすると、目に見える子どもの動きを一次停止した状態で、保育者の「概念・

知識・常識」の範囲では捉えることができるかもしれないが、子どものありのままの"こころ"は決して見えてこない。

　多様で、変化・連続・更新・連関する子どもの"こころ"は、子どもという生命に傾聴・共感・感動する保育者にのみ、観得・観照・受容されるのである。子どもの生命に傾聴・共感・感動するには、保育者が自身の「概念・知識・常識」から解放されなければならない。

　鯨岡峻も[26]、保育者が自分の価値観や諸判断を保留して子どもに心を開き、脱自的（客観的）にあるがまま感受することの重要性を指摘している。つまり、保育者には、先入観なしに、まっさらな、ニュートラルな気持ちで子どもに寄り添うことことが求められる。

　保育者自身も[27]、「保育者になって間もない頃は、常に『子どもを教育しなければ……』という教育者意識が強く働いて、大人の価値観から、子どもたちに禁止や指示が多かったのですが、それは、子どもがしようとしていることが理解できなかったからでした」「保育者にとって困った行為や理解しきれない行動も、できるだけ子どもの側に立って、思いや考えを肯定的に推察しようとすると、子どもの内面から溢れるさまざまな願いや課題に気付くことができ、子どもを愛おしく感じることが多くなりました」と、実践を振り返っている。ここからも、保育者が自分の価値観から解放され、子どもの行為を肯定的に捉えることによって、子どもの内面が見えてくることが実証されている。

　子どもの気持ちに近づくためには、保育者の立場をどこまで脱ぎ捨てることができるかで決まる。これは、子どものことを他人事ではなく、自分のこととして受け止めることであり、自分の都合よりも子どもの都合を優先することでもある。

　ただし、保育者は無意識に自分の"あたま"で概念的に見ようとする性があるので、子どもの立場に立って子どもの気持ちを理解するためには、そのことを保育者は強く自覚して、乗り越えなければならない。

　でなければ、保育者が子どもの気持ちを理解したつもりでも、実際は大きく離れていることもあり得る。

　「子どもに寄り添う」ことは、物理的に子どものそばにいることではない。

先入観なしに子どもの心に傾聴・共感・感動し、子どもに信頼されるようにならなければならない。

　保育者自身が、子どもに信頼されていると思っていても、実際は分からない。子どもの心に寄り添い、信頼される保育者になるためには、何が大切かを常に考えていかなければならない。

(3) 発達を概観する

　表3-7は、発達を概観したものである。造形活動に限定していないのは、造形活動が認知、言葉、身体・運動、遊びなどとも密接に関連しているからである。なお、表3-7は、この図書が幼稚園及び保育園を対象にしているので、あえて5歳頃までしか載せていない。ちなみに、「認知（ピアジェ）」の5歳頃以降は、「6歳頃～11歳頃：論理的操作による思考する［具体的操作期］で、保存の概念も確立する。［自己中心］から［脱中心］に進む段階」、「11歳頃～成人：抽象的、仮説的に思考する［形式的操作期］」となっている。

　なお、発達は直線的でもなく、階段を昇るようにスムーズに進むのでもない。比喩的に言えば、それぞれの段階に相当する複雑で大きな池があって、その池にさまざまな川から水が流れてくる。そして、池に徐々にたまる。やがてその池から水があふれて、次の池に流れていく。この池に相当するのが発達の段階である。今の充実した生活が川の水である。この川の水が池からあふれるようになるまで蓄積して、次の段階に進むのである。

　また、発達には、イメージが先行した表現が可能になる段階（3歳頃）、写実的な表現が可能になる段階（9歳頃）、象徴的・抽象的な表現が可能になる段階（思春期）の、3つの大きな節があるとされる。

　乳幼児の1年間の成長は、保育者の想像を越える速さがある。スピードが速いことは、可塑性が高いことであるとともに、子どもの成長と子どもの将来に保育者が大きな鍵を握っていることでもある。

　なお、この表の内容は、私案にすぎない。子どもの実態に合わせて、加除修正されていくことを期待している。

表 3-7　発達と造形表現

年齢の目安	0歳頃	1歳頃	2歳頃
認知（ピアジェ）	「感覚—運動期」　・活動中心で、ものに働きかけて外界を知る段階。		
対人関係	・微笑 （生理的、社会的、選択的） ・快不快・指差し ・追視・身振り ・人見知り ・特定の大人への関心と働きかけ（2項関係）	・自我の誕生「いや、自分で！」「～だ」「○○も」 （自己主張としての自我） ・人見知り　・可逆の指差し ・身振り ・仲間や物への関心と働きかけ（3項関係）	・自我の拡大（自己主張） 「どうして？、なんで？」 ・模倣する ・対比的認識 （長短、男女など）
言　葉	・喃語 ・泣く ・笑う	・話し言葉の開始 ・1語文 ・代名詞	・2語文　・動詞 ・形容詞と助詞の一部
身体・運動	・あおむけ　・首が座る ・肘支位（手の自由の第一歩） ・腹ばい　・寝返り ・投足座位　・つかまり立ち ・伝い歩き　・高ばい ・屈曲優位（握る）から伸展優位（開く）へ ・小指側から親指側への機能分化 ・握る・押す・破る・振る ・つかむ・たたく・つまむ ・引っ張る・いじる・渡す ・突っつく・入れる・載せる	・歩く　　・しゃがむ ・ゆっくり走る ・よじ登る　・ふたの開け閉め ・物をつかむ（母指対向操作） ・親指と人差し指でつまむ （尖指対向操作の始まり） ・体を方向転換する ・追いかけてつかむ ・身体をゆする ・スプーンですくう　・破る ・ちぎる　・丸める　・剥がす ・ひっつける　・突き破る ・押す　　・めくる	・全身で抵抗に立ち向かう ・早い遅いを調整できる ・足で蹴って進む（三輪車） ・階段を登る・ノブを回す ・つま先歩き・かかと歩き ・片足上げ　・走る ・飛び降りる・幅跳び ・ねじる　・握る ・打つ　　・引っ張る ・広げる　・押さえる ・移動させる ・すりつぶす ・スプーンを使う
遊　び	機能遊び　いたずら遊び あやし遊び 　ゆさぶり遊び 　　やりとり遊び ・オモチャ ・日用品 ・積み木	対象遊び　再現あそび ・押して遊ぶ ・引いて遊ぶ ・物を箱に入れる ・ボールをける ・ボールを受け止める ・転がす ・積み重ねる ・並べる ・道具を使って遊ぶ ・水、砂、土などで遊ぶ	みたて遊び　虚構遊び ・じゃんけんの指を覚える ・動物のまねをする ・積み重ねる ・つもり遊び （人形、ままごと道具で） ・固定遊具で遊ぶ ・粘土、砂、水などで遊ぶ ・追いかけられるのを喜ぶ ・滑り台から降りる ・行って戻ってくる
造形表現の特質 （書き言葉獲得以前の子どもにとって、造形表現は思いを伝える"言葉"である。）	感覚／運動期 ・働きかけによる素材の変化を楽しむ ・感覚（感触）遊び（光・色、匂い、音、味、バランスに関わるもの）（水、色、砂、土、泥、土粘土、小麦粉、片栗粉、寒天、おから、高野豆腐、パン粉、わらび粉、こんにゃく、石、材木、木球、かんなくず、藁、葉、花、樹木、木の実、草などの自然材。動物、布、オモチャ、ボール、容器類など）。風、雨、雪など。	スクリブル（錯画・線描き）期 ・行為の痕跡の発見 ・お絵描き遊び ・感覚（感触）遊び（光・色、匂い、音、味、バランス、水、色水、砂、土、泥、土粘土、おから、高野豆腐、パン粉、わらび粉、こんにゃく、石、材木、木球、かんなくず、わら、葉、花、木の実などの自然材。動物、布、オモチャ、ボール、容器類など。風、雨、雪など）。 ・粘土遊び（高く積む、つかむ、押す、塗る、並べる） 肩1点の支点 ・点々　　・往復線	意味づけ（みたて）期 ・お絵描き遊び ・行為の後に意味づける （1対1の対話活動で確かめる） ・感覚（感触）遊び ・粘土遊び （ちぎる、丸める、伸ばす、投げる、掘る、踏む、すくう） ・紙を折る ・シールを貼る、剥がす ・破る ・ちぎる 肩と肘2支点の協応 ・ぐるぐる丸
造形関連の主な用具・材料 紙類（画用紙、色画用紙、コピー用紙、障子紙、模造紙、ロール紙、新聞紙、折り紙、厚紙、トイレットペーパー、段ボール、色造花紙、紙テープ、千代紙、半紙、セロハンなど）は共通する。	・感覚（感触）遊びに関わるもの ・オモチャ ・テープ（ひも） ・空き箱 ・ストロー ・ボトルキャップ ・ラップフィルム ・コロコロ ・各種袋 ・布	・感覚（感触）遊びに関わるもの ・マーカー　・クレヨン　・筆 ・たんぽ筆（溶き絵の具） ・溶き絵の具 ・シール　　・各種袋 ・ままごとセット ・テープ（ひも）・布 ・芯材　　　・ストロー ・ポンプ容器　・コロコロ ・ビニールテープ ・空き箱　　・ラップフィルム ・ボトルキャップ ・エアパッキン	・感覚（感触）遊びに関わるもの ・マーカー　・クレヨン　・筆 ・溶き絵の具・粘土 ・空き箱　　・シール ・ローラー　・各種袋 ・ストロー　・布 ・ままごとセット ・ビニールテープ ・セロテープ ・テープ（ひも） ・コロコロ ・ボトルキャップ ・ラップフィルム ・エアパッキン ・洗濯ばさみ ・スティックのり
造形表現の学習課題	・多様な感覚（感触）遊び ・笑顔で話しかける ・働きかける楽しさ（快の体験）	・多様な感覚（感触）遊び ・お絵描き遊び・単色の線描画・共感して、1対1の対話をしながら思いを受け止める	・多様な感覚（感触）遊び　・お絵描 ・単色の線描画　　・仲立ちして ・表現と意味をつなげる（共感的な1 粘土／簡単な工作

第3章 子どもにとっての「造形活動の意味」を考えよう　129

3歳頃	4歳頃	5歳頃
［前操作期］	・心の中で外界の事象を操作する段階。	
	・思考に言葉が介入し、概念化が進むが直感的思考、自己中心の段。	
・自我の充実 　（他者への関心と優しさ） ・第2の自我の誕生 　（周囲との関係でどうすればよいかが 　分かる［自制心］） 　（自己主張と他者受容の共存） ・質問する　・選択肢から選ぶ	・自我と第2の自我の対話 　「～したいけれど、～する。」「だっ 　て～だから」 ・仲間と比較して自分の状態を理解す 　る対比的な見方	・話し合い（仲間関係）ができる ・感動を仲間や大人に伝える 　（書き言葉の土台） ・系列的評価（～したらできる） ・自律心 ・系列的理解（左／真ん中／右、今日 　／昨日／明日、大中小など）
・言葉（イメージ）の広がり ・3語文／多語文 ・接続詞　・助詞	・5～6語文 ・脈略のある話ができる ・話を聴こうとする	・抽象語　・助詞詞 ・みんなの前で話せる ・注意して聴ける
・足踏み　・両足で跳ぶ ・登る　・三輪車 ・片足立ち　・片足ケンケン ・実指対向操作の確立 ・道具で砕く・物で囲む ・木の皮をはぐ ・組み合わせる・靴を履く ・引き抜く　・飾る ・ボタンを留める、はずす ・両手を交互に開閉する ・ボール（転がす、投げる、蹴る）	・全力で走る　・運動を組み合わせたゲームができる ・協応運動（手と足、右と左、両手、目と手）（○○しながら、○○する） ・指先の機能分化　・片足立ち　・つま先立ち　・直立位 ・微細運動　　　・跳び箱　・ドッジボール　・正座 ・うんてい　・鉄棒（前回り）　・鉄棒　・横転 ・登り棒　・敷く　・相撲　・両足跳び ・長縄　・結ぶ　・まりつき ・スキップする・ケンケン　・平均台 ・ぶら下がる・雑巾がけ　・幅跳び ・独りで衣服を着脱する　・垂直跳び ・走りながらの縄跳び　・竹馬 ・ボール（投げ合う、まりつき）　・自転車	
つもり遊び　競技的遊び 「ごっこ遊び」の始まり ・じゃんけんの指を覚えるが、意味は 　理解できない ・ルールが少し分かる ・全身を使う遊び 　（水遊び、ボール遊び、かけっこ、縄 　跳び）・お手玉 ・ボールを渡す、ボール遊び ・技巧台からの飛び降り ・追いかけっこ・かくれんぼ	役割遊び ごっこ遊びの発展と充実 ・じゃんけんの意味が少し分かる ・ルールが大体分かる ・かくれんぼ ・ゲーム遊び ・手遊び ・指遊び ・ボール遊び ・ひも通し	多様な遊び　協同遊び ・じゃんけんの意味が分かる ・役割が分かる ・ルールが分かる ・あやとり　・お手玉 ・こま遊び　・鬼ごっこ ・しりとり　・凧揚げ ・おはじき
意味づけ（つもり）期 （イメージが先導して表現する節目） ・イメージに先導されて表現する 　（1対1の対話活動で確かめる） ・行為（動詞）を描く ・閉じた丸のファンファーレ ・感覚（感触）遊び ・粘土遊び（顔、人形、お菓子、怪獣） ・紙を折る ・立体的／空間的構成：積む、重ねる、 　並べる（家、乗り物、ツリー） ・図形の誕生 ・作って遊ぶ ・ハサミで大まかに切る	羅列期：カタログ期／前図式期 （イメージに基づいて大まかな形象で表 現する） ・人物の部位を捉える ・画面を埋め尽くす ・まねができる ・生活画 ・色を塗る・混ぜる ・スチレンボード版画 ・粘土（つなぐ、こねる、なぞる：メ 　ガネ、塔、お面） ・工作（つなぐ、割る、たたく：バイク、 　車、家） ・形に合わせてハサミで切る	図式期（イメージに基づいて構想し、 写実的でない具体的な形象で文脈的に 表現する） ・基底線による画面の統一（空間の系 　列化） ・やや複雑で細かな表現 ・仲間に教える／伝える ・見て描く　・混色／重ね塗り ・絵のお話ができる・紙版画 ・絵日記／生活画／物語画／空想画 ・粘土（船、ブランコ、動物） ・工作（切る：家、町、迷路） ・縫い物 ・話し合いによる共同制作
肩と肘の2支点の協応の充実 ・閉じた丸　・顔	・頭足人	図式表現 （写実的でないが、具体的な形象に よって、何を表現したかが分かる）
・感覚（感触）遊びに関わるもの ・マーカー・クレヨン・筆 ・パステル・溶き絵の具 ・粘土　・空き箱・シール ・ローラー・各種袋 ・ストロー・布 ・ままごとセット ・ビニールテープ ・セロテープ ・コロコロ・ボトルキャップ ・ラップフィルム　・のり ・テープ・ハサミ ・カップ　・トレイ ・芯材　・紙皿　・スプーン ・毛糸　・容器類　・棒 ・自然材　・ビニール	・マーカー・クレヨン・筆 ・パステル・溶き絵の具 ・固形絵の具・チョーク・粘土 ・刷毛・割り箸ペン・容器類 ・空き箱・シール・布・毛糸 ・ローラー・各種袋・ままごとセット ・ストロー・ままごとセット ・ビニールテープ・カップ ・セロテープ・テープ・芯材 ・布ガムテープ・ビニール ・ナイロンテープ・輪ゴム ・ホイル・紙コップ・モール ・コロコロ・ボトルキャップ ・ラップフィルム・割り箸 ・のり・ボンド・バレン・廃材 ・ハサミ・金づち・包丁・紙皿 ・ホッチキス・穴開けパンチ ・スプーン・棒・自然材	・のり・ボンド・毛糸／糸・筆 ・包丁・ハサミ・布・金づち ・輪ゴム・割り箸・針・バレン ・廃材・モール・ホイル・串 ・紙コップ・シール・コンテ ・綿・容器類・針金・リボン ・バレン・トレイ・ビーズ ・ローラー・ブラ板・マーカー ・クレヨン・刷毛・固形絵の具 ・ホッチキス・チョーク・ベンチ ・ローラー・ストロー・粘土 ・穴開けパンチ　・割り箸ペン ・布ガムテープ・ビニール・自然材 ・ナイロンテープ　・両面テープ ・水彩絵の具　・セロテープ ・布ガムテープ　・ビニール袋 ・段ボールカッター・のこぎり ・グルーガン　・スポイト
き遊び　・形を急がない 子どもどうしをつなぐ 対1の対話活動、伝える喜びを育てる）	・イメージの焦点化 ・感動の伝え合い ・絵日誌／生活画／自由画／工作／粘 　土／版画／課題制作	・豊かなイメージの形成 ・表現からお話する　・課題制作／絵 　日誌／生活画／物語画／空想画／自 　由画／工作／粘土／版画／共同制作

① 発達は障がいの有無や個人に関係なく、同じ道筋をたどる

子どもは、環境・生育歴・資質・月齢などが異なり、個人差もあるので、全員が一斉に同じ速さで進むことはない。また、同じような段階に見えても、発達の質はおのずと違ってくる。発達は、大人が考えたとおりには進まないし、決めつけてもいけない。

乳児を見ても、いきなり首は座らない。母親は、首が座らないため不安定になっている頭を、手で支えながら授乳する。乳児は頭が不安定ながらも、必死に乳首に吸い付く。そのとき、乳児は頭を支える首の筋肉を自然と鍛えている。そして、首が座る。それに対して、乳児を寝かせたまま授乳すると、頭を支える首の筋肉をあまり動かさなくても済むので、首の筋肉の発達が遅れる。

首が座ることによって、座位などへ進むことができる。首が座らないと、座位や歩行はできない。乳児がいきなり歩くことがないように、飛び越して発達することはない。次のステップに進むためには、今の段階で必要なことがしっかりできなければならない。

知的に障がいのある子どもは、ゆっくりかもしれないが、確実に発達していく。それぞれ、発達の質が違ったり、速い遅いがあっても、発達には順序性があって、同じ道筋をたどると言われている。

発達の道筋から学ばなければならないことは、次の3つである。

・明らかに無理なこと、できないことはやらせない。

・今できることを、最大限に行う。

・今の段階のことができるようになったら、次の段階のことも少しずつ取り入れる。

② 発達には個人差がある

何ができるかは、経験も大きく関わってくる。子どもが同じ経験を積んでいることはあり得ない。育った環境も違えば、持って生まれたものも違う。まして、月齢も幅がある。4月生まれと、3月生まれでは、1年近い差がある。乳幼児にとって、月齢の差は極めて大きい。したがって、同じクラスでも、道具をうまく使える子どももいれば、まだうまく使えない子どもがいるのは当然である。例えば、同じ年齢のクラスに、「閉じた丸」と「頭足人」「図式的表現」

などがいっしょにいるのは珍しいことではない。

ただし、「閉じた丸」よりも「頭足人」や「図式的表現」がよいのではない。「閉じた丸」の子どもからみると、「頭足人」はすごいかもしれない。「図式的表現」に驚かされるかもしれない。仲間と自分の表現の違いから刺激を受けたり、学んだりすることは、集団ならではの効果である。

自分がまだできない表現だからといって、自分の表現に対する自信を失うことは絶対にあってはならない。子どもが自分の表現に自信を持って取り組むか、それとも、仲間の表現を見て自分の表現に自信を持てなくなるかは、保育者の対応しだいである。どの子どもも、その時々に精いっぱい取り組めるように配慮するとともに、その時々の表現を受容し、励まし、褒めることが重要となる。

③　発達は、物差しの範囲でしか捉えられない

人間は複雑なシステムで動いているので、表3-7の項目で捉えきれるものではない。分かっていることよりも、分からないことのほうがはるかに多い。また、それぞれの項目は、いろいろな発達の考え方があるので絶対的なものではないが、共通点も少なくない。

いずれにしても、記載された物差しの範囲でしか捉えられない宿命がある。しかも、目に見えるものは把捉しやすいが、目に見えない内面を捉えることは簡単ではない。

物差しがあると、その物差しに当てはめて、「できる（○）」「できない（×）」は分かる。物差しの範囲では、比較的分かる。身体や運動の発達は、目で捉えやすいこともあって解明が進んでいる。

一部しか分からない宿命があるとはいえ、その一部でも手がかりなるのであれば、絶対視することなく、「目安」や「指針」や「参考」としたい。表3-7から見えてくるものも、少なくないはずである。

④　発達は、先の段階ほどよいわけではない

例えば、頭足人レベルの子どもに対して、胴体がないのはおかしいといって描き方を教えることはできる。教えられた子どもは、教えられたとおりに描くかもしれない。

しかし、頭足人レベルの子どもは、頭足人を描く必然性があるのである。子どもにとって、手や足の存在が大きいと考えたい。頭から、手足が直接出るのは、なんら不自然ではない。それを不自然と考えて矯正するのは、その子どもの発達や認識を無視することであり、その子どもそのものを否定することになる。ボディイメージがしっかりできて、認知能力などが発達していくと、自然に胴体が描かれるようになる。

発達にはさまざまな段階があるが、一歩先や二歩先の段階がよいのではない。段階に優劣はない。いかなる段階にあろうとも、それぞれの段階での生活を充実させながら、表現活動につなげていくことが重要である。何事も、次の段階に進むためには、相応の準備と必然性が必要である。準備が整えば、自然と質的な変化が生まれて、次の段階に進む。

発達の先回り、早期教育は誤りである。子どもたちは、その時に持っている能力を最大限に発揮して、充実した生活を送らなければならない。

⑤　発達の理解によって、見通しを持った対応が可能となる

子どもにとって、活動が簡単過ぎたり、難しすぎたりすると、成就感は決して生まれない。今持っている能力の一部を使って簡単にできてしまう活動からは、工夫や試行錯誤や発見が生まれるはずがない。また、いくらがんばってもできない活動では頓挫してしまう。

今持っている能力を発揮すればできる活動は必要である。同時に、試行錯誤をしながら、できなかったことができるようになったり、今まで気づかなかったことが気づいたりするためには、現在の能力でできることに隣接した一段上の課題に取り組ませる必要がある。ヴィゴツキーの「発達の最近接領域」である。「発達の最近接領域」とは、仲間や保育者、つまり他者（共同）が関わることで、それまで自分独りでは登れなかった高みに登ることが可能となる領域である。簡単にいえば、他人からの指導や手助けや応援や後押しによって、それまでできなかったことができるようになる領域である。そして、そのあとは独力でできるようになる。

保育者が発達を理解することによって、子どもの今と前とこれからがある程度分かる。

「できる（○）」「できない（×）」も分かるが、「できかかっている（△）」部分をどれだけ理解できるかが鍵を握る。[28] これが全く分からないのとでは大きな違いがある。発達を理解することによって、子どもの「発達の最近接領域」を見極めたり、見通しを持って関わることが可能となる。「発達の最近接領域」は、149頁、184-186頁にも記述。

⑥　発達から、道具を使える年齢の目安を知る

表3-7から、以下のことが読み取れる。ただし、発達には個人差があるので、年齢はあくまでも目安にすぎない。

0歳頃：握ったり開いたりができるようになるので、物が持てるようになる。

1歳頃：母指対向操作ができるようになるので、物をつかむことが可能となり、マーカーなどを持てるようになる。尖指対向操作が少しできるようになるので、物をつまむことが可能となり、シールなども貼れるようになる。

2歳頃：ねじったり、引っ張ったりできるようになるので、セロテープを切ったりできるようになる。

3歳頃：尖指対向操作が確立するとともに、引き抜いたり、砕いたり、木の皮をはぐこともできるようになる。使える道具も増えてくる。のりも使えるようになる。

4歳頃：指先の機能が分化し、細かな操作が可能となる。また、手と足、右手と左手、目と手などの協応動作もできるようになるので、ハサミなども使えるようになる。

5歳頃：運動機能も発達し、ペンチ、ノコギリ、グルーガンなど、いろいろな道具が使えるようになる。

道具は、その年齢になったら突然使えるようになるのではない。少し先行して試す期間、練習期間が必要である。

ハサミの使用を例にとると、紙を持ちながらハサミで切るには、右手と左手の協応動作が確立する4歳頃であるからという理由で、4歳頃になってから一斉にハサミで紙を切る活動をさせる必要はない。3歳頃から、年齢に合ったハサミを使って、少しずつ紙を切る活動を導入したい。

その際、ハサミを上手に使うことを求めてはならない。5歳頃になると、おおよそ正確に切ることができる。無論、5歳頃でも成人の大人のような正確さでは切れない。そのときの発達に合った切り方でかまわない。それが、発達である。

ハサミもさまざまな種類がある。刃に安全カバーが付いているのもあれば、指を柄の空間に通すのではなく、カスタネットのように上下させるだけで切れるハサミもある。ハサミの種類も把握しなければならないし、刃先でなく刃の付け根のほうで切ることや、切るときは無理に強い力を入れないなどの知識も保育者には求められる。教材研究が大事なゆえんである。

のりも、満3歳前後頃から使わせたい。ただし、最初から、大人が考えるように薄く伸ばして塗ることはできないし、身体や服にまでのりが付くかもしれない。手ものりまみれになるかもしれない。手に付いたのりは雑巾で拭けばよいし、汚れた服は洗えばよい。子どもが、興味を持って使うことが大切である。慣れるにしたがって、上手になる。

子どもにとってのりは、「くっ付いて、剥がれない」不思議な材料である。のりが身体や服に付くことを恐れる保育者によって、子どもが魔法のような材料との出会いを奪われてはならない。

感触遊びは道具を使うのではなく、触る活動が中心であるが、0歳頃～2歳頃のような低年齢の子どもほど積極的にやらせたい。感触遊びは、全身が汚れる可能性が大きい。保育者の準備や後片づけは、大変である。感触遊びに意義を見いだす保育者は準備や後片づけを苦にせずに行うが、準備や後片づけを負担に思う保育者はどうしても消極的になる。感触遊びに消極的な保育者は、子どもの都合よりも自分の都合を優先するのである。保育者の考え方によって、子どもの経験や発達が左右されてはならない。

(4) 障がい児への対応を考えよう

障がい児保育に取り組んでいる幼稚園・保育園は、少なくない。その一方で、どのように対応したらよいか、悩んでいる保育者も多い。

どのような子どもも排除されない「インクルーシブ」な保育・教育の流れを

第3章 子どもにとっての「造形活動の意味」を考えよう　*135*

待つまでもなく、障がいの有無にかかわらず、ともに学ぶことが必要である。その場合、保育者の理解不足のままに受け入れることがあったら、園に学ぶ子どもたち全員にとってもよいことではない。障がい児に対してどのように対応したらよいかを、勉強し続けるしかない。障がい児保育を担当する保育者に任せるのではなく、関係機関などとも連携を取りながら、園全体で研修を深めていかなければならない。

　人間は、性別・年齢・障がいの有無などに関係なく、性格・行動の仕方・長所や欠点・考え方・能力などがさまざまである。性別・年齢・障がいの有無などの以前に、同じ人間である。性別・年齢・障がいの有無などによって、決めつけてはいけない。障がいを状態ではなく、マイナスと捉えて是正しようとする保育からは決別しなければならない。

　次の①〜④の内容は、障がい児及び自閉症スペクトラム児に限定されない。障がいの有無にかかわらず、大切にしなければならないことである。

①　価値や長所や可能性を見いだそう

　子どもの実態を把握するために、「アセスメント」が行われる。項目ごとに、「できる（○）」「できない（×）」が診断される。廣瀬信雄[29]が指摘するように、「できる（○）」ことや「できない（×）」ことよりも、「よいところ」や「できかかっているところ（△）＝発達の最近接領域」を明らかにしなければならない。そして、豊かな保育を創りだすためには、子どもを査定する「アセスメント」ではなく、子どもの価値を見いだす「エバリューション」でなければならないとしている。

②　子どもの症状や行動は子ども個人に原因があるのではなく、子どもを取り巻く環境との摩擦や反応である

　子どもに原因を求める考え方によると、子どもの症状や行動を問題視し、改善・是正することにエネルギーを注ぐことになる。一方、子どもを取り巻く環境との摩擦や反応と捉える考え方によると、子どもの症状や行動を肯定し、そのうえで、子どもを取り巻く環境との関係を調整し、形成していくことになる。自閉症スペクトラム児のみならず、保育は後者によって行われるべきである。常同行動や固執行動をマイナスと捉えるのではなく、プラス面を見いだし

て、長所と捉えるべきである。

③ 集団の教育力に着目しよう

みんなといっしょに行動することが難しいからとの理由で、障がい児を集団から分離して個別に指導することがある。確かに、保育者にとっては、分離したほうがスムーズに活動を進められるかもしれない。

ある保育を参観したとき、みんなが着席しているのに、動き回っている多動な子どもがいた。席から立つたびに、サブの保育者によって連れ戻されることが繰り返された。その保育者は、子どもの気持ちに思いをはせることもなく、子どもに着席させることを優先したのである。しかし、説明が終わって制作に入ると、その子どももいっしょに活動に参加したのである。説明のときは、離席して動き回っていたが、ときどき説明に目をやっていたのを見逃したのである。着席行動は取れなかったが、その子どもなりに聴いて見ていたのである。当然、仲間が着席していることも目に入っている。このことは、近い将来の着席行動につながると思われる。

いずれにしても、現象として見えやすい、離席行動にのみ目を奪われてはならない。また、保育者の説明の仕方に改善の余地がなかったのか、検討することも必要である。改善点が見つかれば、着席行動をとることができなかった多動な子どものみならず、着席行動がとれていた子どもに対しても意味があるものになるはずである。

障がい児に限らず、保育者や仲間からの影響は極めて重要である。保育者や仲間がモデルになったり、保育者や仲間が仲立ちすることによって学びが深められるのである。教育や保育のみならず、人間にとって「集団」は不可欠である。「集団」を通して、文化や社会性や行動などを学び、保育者と子どもがともに成長・発達していくのである。ただし、集団の中にただ放り込めばよいわけではないことは言うまでもない。

④ 自閉症スペクトラム児への対応を考えよう

自閉症スペクトラム児を受け入れている園は、多いと思われる。同時に、自閉症スペクトラム児の対応に苦慮しているのも事実ではなかろうか。そこで、以下、自閉症スペクトラム児への対応を考えてみたい。

ア　自閉症スペクトラム児は、視覚的構造化が有効である

　「トイレ」や「非常口」などの案内は、「絵図」として表示されている。これは、自閉症スペクトラム児に限らず、「絵図」が分かりやすいからである。

　そこで、自閉症スペクトラム児に意味を分かりやすく伝え、自分で判断して行動していけるようにするために、絵・図・写真・ビデオ・文字などをカードや実物などで示して働きかける「視覚的構造化」の有効性が指摘されている。音声言語による聴覚的情報よりも、カードや実物などによる視覚的情報が理解しやすいとされる。無論、自閉症スペクトラム児も多様なので、構造化を一律に考えることは危険である。

　構造化の内容は、「環境（机や道具の配置など）」「スケジュール（日課表など）」「指導法（手順・材料や道具の使い方など）」などがある。つまり、「いつ始めて、いつ終わったらよいのか（活動時間）」「どこでやればよいのか（活動場所）」「何をどれだけやればよいのか・終わったら次は何をすればよいのか（活動内容）」「どのようにやればよいのか（方法）」と、行動に関わるもの全てに及ぶ。

　分かりやすい言葉（音声）で、ゆっくり、はっきり説明したからといって、全ての子どもが理解できるとは限らない。保育者がいくらかみ砕いて説明しても、自閉症スペクトラム児は聴覚的な情報が苦手なことが多い。自閉症スペクトラム児が保育者の説明をどこまで理解しているかは、感覚を研ぎ澄まして、リアルタイムで判断しなければならない。

　そして、うまく伝わっていないと判断したら、その場でできることはその場で修正して対応する。修正や作成に時間を要するカードなどであれば、できるだけ速やかに修正して備える。

　確かに、保育者が、絵・図・写真を活用した多様なカードを作成するには労力を要する。話し言葉による指示のみのほうが準備も要らないし、楽である。子どもに伝えたいことが、話し言葉のみで伝わらなければ、身振りや動作だけではなく、絵・図・写真・ビデオ・文字などをカードや実物などで示す「視覚的構造化」に、労力を惜しんではならない。

保育者が考えた活動を子どもがこなすだけ、つまり、保育者が子ども
を動かすだけなら、構造化の内容を固定すればよいし、活動場所も個別
化・個室化すればよい。しかし、構造化の目的は、保育者が子どもを動
かすためでなく、子どもが主体的に行動し、個人の能力が最大限に発揮
されるものでなければならない。よって、構造化への依存も徐々に減ら
し、最終的には構造化がなくても行動できるようにしなければならない。

　集団の教育力を考えると、学習場所の個別化・個室化を安易にしては
いけない。個別化・個室化をしている場合は、減らしながら、解消して
いかなければならない。

　同時に、コミュニケーション意欲（相手に伝わる喜び、人と関わる喜
び、相手に伝えたい思い、人と関わりたい思い）を育むことが大切なの
で、決して子どもの気持ちを先取りしたり、保育者の考えを押しつけた
りしてはならない。

　上岡一世は[30]、構造化は子どもが単に分かって動くためでなく、分か
ることの質、動けることの質を高め、人と関わりながら見通しをもって
目的的、主体的に行動できるようにするために、主体性（判断力、思考
力）を高めるために設定されなければならない、と指摘している。

　構造化された環境を用意するだけでは意味がない。構造化によって、
子どもがどのように活動したかが重要である。構造化することに意識が
向き過ぎ、構造化が目的化してはならない。「TEACCH ＝構造化」では
ない。刺激過多で雑然とした保育環境ではなく、必要最小限の構造化に
よる「動きやすい教室環境」「分かりやすい活動内容及び学習課題」は自
閉症スペクトラム児のみならず、全ての子どもたちにとって必要である。
そのうえで、子どもが信頼できる保育者や仲間とともにどのような園生
活を送り、「何を学ぶのか」が重要となる。

　構造化によって、保育者が考える授業のストーリーに一方的に当ては
めていくのは保育者が満足する活動であって、子どもが混乱し、子ども
の活動でないことは言うまでもない。個々の子どもの主体的な学び（自
己実現・自己決定・主体性・思考力・判断力等の向上）の支援にならなけ

第3章　子どもにとっての「造形活動の意味」を考えよう　*139*

れば、構造化の意味はない。構造化の安易な模倣や固定化も避けなければならない。子どもの主体的な学びにとって、構造化は「両刃の剣」の側面があることに留意したい。個々の子どもの状況に合わせながら、試行錯誤しながら、段階的で柔軟かつ臨機応変な対応が求められる。

　一人ひとりに合致した構造化の追求は必要だが、それ以上に教材研究が求められる。構造化は方法論で完結するのではなく、学習内容及び何を学ぶかを最重視しなければならない。学習内容・課題が子ども（能力や興味・関心）に合っていなければ、構造化は空回りする。

イ　同じような作品を作ってもかまわない

　保育者はややもすると、同じようなものを繰り返し作られると「成長がない」「こだわりが強い」と否定的に捉えて、変化を性急に求めがちである。同じような作品を作るのは興味・関心があるからで、なんらかまわない。また、同じような作品を作るからといって、同じ気持ちで作っているとはかぎらない。同じ作品でパターン化して困ると思うのは、保育者の側である。短いスパーンでは同じように見えても、微妙に違っている場合がある。また、長いスパーンでは、確実に変化している場合が多い。確かに、形の大きな変化は分かりやすい。保育者は小さな変化に隠された意味を、確実に捉えなければならない。

　自閉症児スペクトラム児は、保育者から見るとパターン化した表現が多いかもしれないが、表現意欲や表現に対する気持ちは大切にしなければならない。結果的に同じような作品になってもかまわない。その表現を受容し、自由に取り組ませたい。

　保育者が、「こだわり」をマイナスと捉える傾向が強いことは否定できない。そうだろうか。人が見逃しがちなものを描いたり、同じテーマで作り続けるのは、興味・関心や集中力や関心が高い証拠であり、プラスに評価しなければならない。特異に見える表現かもしれないが、保育者の狭い価値観で判断すべきではない。子どもの心に寄り添いながら、そのような表現に一生懸命に取り組むことに価値を見いだしたい。よくありがちな表現のほうこそが、特異なのかもしれない。近年、アウトサイ

ダー・アートが評価されてきているが、人間の生き方、保育の在り方が問われているのである。

自閉症児スペクトラム児が、同じように見える作品をある程度満足するまで作ると、作ったものに対してアレンジを促すと受け入れ、興味を持って取り組む。効果的なアレンジの方法は、「作ったものを皿や台に載せる」「大きくする」「装飾を加える」などである。アレンジ以外の方法では、興味・関心があって簡単に作れそうなテーマを働きかけたり、仲間の作品を見せることも効果がある。

同じような作品を作っても禁止せず、大いに作らせるべきである。そのうち、仲間の影響なども受けて、自然に変化（大型化や複雑化など）する場合も少なくないし、保育者からの変化への働きかけも興味を持って受け入れるようになる。

ウ　ある程度満足するまで作ると、変化が生まれやすい

ここで紹介するのは、特別支援学校の自閉症児スペクトラム児の例であるが、幼稚園や保育園でも参考になるはずである。

強調しておきたいことは、「変化が目的ではない」ということである。活動に集中しているなら、尊重して継続させるべきである。集中していないなら、教材研究を深めて、興味・関心の持てる活動内容を考えなければならない。

保育者の都合で、変化を急ぎ、無理に働きかけてはいけない。タイミングを見て、自然に変化するように、うまく働きかけられるかがポイントとなる。

経験的に、作っているテーマに長い時間取り組んで充足感が出てくると、教師の働きかけや仲間の影響を受け入れやすくなる。そして、その変化に、「新しい表現」「新しい自分」を発見し、成就感が高まることを実感してきた。

写真 3-1　光 GENJI（縁なし）

第3章　子どもにとっての「造形活動の意味」を考えよう　*141*

「写真 3-1」は、平らな粘土に、アイドルを名前と人の形を描いたものである。「写真 3-2」は、同じようなアイドルを描いているが、縁を盛り上げてみせたら反映させたものである。

「写真 3-2」は、「写真 3-1」のアレンジである。「写真 3-2」は「写真 3-1」が基になっているので、すんなり受け入れて、自分から試みたと思われる。

「写真 3-3」は、「写真 3-4」の影響と思われる。仲間の模倣である。個別化された指導からは、決してこのような表現は生まれない。集団で、お互いの活動が見える活動ならではである。無論、どの席なら落ち着いて活動に取り組めるかなどの配慮はしている。

「写真 3-5」と「写真 3-6」は、「折り鶴」に興味を持って取り組んだ作品である。木製の皿の内側に粘土を張り付けて見せたら、興味を持って見ていた。そこで、「写真 3-5」の「折り鶴」をたくさん作っ

写真 3-2　光 GENJI（縁あり）

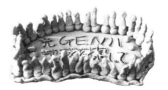

写真 3-3　お皿・ケーキ

写真 3-4　クリスマスケーキ

写真 3-5　折り鶴（切り抜き）

写真 3-6　折り鶴（皿）

写真 3-7　アイドル（14人）

ていたので、「折り鶴」を皿に描くのを勧めたら、描いたものである。

「写真3-7」は、大きく平らな粘土の台にアイドルの名前を書いた粘土片を14個載せたものである。粘土で大きな台を作ってあげてから、ドベ（粘土を水でゆるくしたもので、粘土どうしをくっつけるときに「のり」のように使う）を筆で塗って、粘土片を付けてみせた。そうしたら、興味を持って、次々と貼り付ける。大好きな14人のアイドル片を並べて、本人は満足そうであった。

このような変化は、生活にも変化をもたらしている。「変化を受け入れる」ことで固執性が弱まり、作品づくりで感じた「充実感」は自信を深めることにつながっている。

5　「豊かな生活」を創り、「豊かな表現」につなげよう

(1)「豊かな生活」とは何か

「豊かな生活」とは、子どもたちが信頼できる大人に見守られながら、仲間と楽しく遊んだり、話したり、歌ったり、制作したり、身体を動かしたりなどの活動を通して、笑顔に満ち、歓声が上がり、発見や驚きがある生活である。できなかったことができるようになる生活、感動のある生活である。保育は集団で行われるので、仲間や保育者と響き合い、心はずむ生活である。大好きな先生や仲間がいて、成就感・自己肯定感にあふれる「豊かな生活」を送ることは、誰もが願っている。

しかし、遊具を充実したり、行事を多くしたり、自然に触れる機会を多くしたりするなどの「場づくり」だけでは、「豊かな生活」にはならない。「場づくり」も大事だが、保育が人と人の関わりである以上、マンパワー（保育者）が大きな鍵を握る。発達の状態に応じて、保育者がどのような場（活動内容）を用意するのか、活動でどのように支援するのか、子どもや仲間に対してどのように仲立ちするのかが重要となる。

「豊かな生活」になるかどうかは、保育者で決まる。「豊かな生活」は、保育

者が主導して、創るものである。

　大人に比べると、身体機能・認知・言語・社会性など、子どもの発達はドラマチックで速い。更に、「三つ子の魂百まで」ということわざもあるように、乳幼児期は人格形成の土台づくりの時期として極めて重要である。

　最近、小学校入学以降に身に付ける「認知的スキル（言語、数量、記憶、知識、思考など）」のベースとなる「社会情動的（非認知）スキル〔忍耐力、自己抑制、目標への情熱、社交性、敬意、思いやり、自尊心、楽観性、自信など〕」を、幼児期から小学校低学年にかけて育成することの重要性が指摘されている。[31] 社会情動的（非認知）スキルの形成は、人格の形成に重要な役割を担っており、幼稚園・保育園での生活がいかに重要かが分かる。

　また、人間の能力は、それぞれのことが独立してできるのではない。年輪のような積み重ねによってできるようになる。ただし、過去に戻ってやり直すことは不可能である。0歳、1歳、2歳、3歳、4歳、5歳……と、それぞれの年齢や発達に応じて、年輪を太らせなければならない。年輪が太るかどうかは、保育者が鍵を握っている。保育者が、子どもの今後の人生に決定的な影響を持っているといっても過言ではない。

　残念ながら、保育の現場では、子どもが目標を達成できたかを厳しく問われることはない。保育の質が担保されることもなく、進級し、卒園していく。これが、日本の保育のシステムの現状であり、大きな課題である。

　子どもに形成される年輪の厚さは、保育者に左右される。そう考えると、保育者の責任は極めて重要である。責任の大きさに、押しつぶされそうになるかもしれない。保育者が、日々の実践におごることなく、必死に勉強して、「豊かな生活」創りのために力量を高め続けるしかない。保育者の力量に比例して、子どもは輝く。子どもの輝く瞬間に立ち会える瞬間が、保育者冥利を実感する瞬間、仕事に生きがいを感ずる瞬間であり、モチベーションが高まる瞬間でもある。

①　保育者が子どもから信頼される生活、安心できる大人がいる生活

　子どもから見たら、どのような保育者だったら信頼されるのだろうか。子どもが保育者から大事に思ってもらっていること、愛されていることを、どのようなことで実感するのだろうか。

ア　保育者に話を聴いてもらえる生活

　子どもはたくさんいるし、活動の準備や後片づけもあるので、一人ひとりの子どもに丁寧に対応することは簡単ではない。聴いてほしい子どもが目の前にいることは、子どもという身体がいるのではなく、聴いてほしいという子どもの心がいると考えなければならない。保育者は感受性を高めて、子どもの心をキャッチしなければならない。そして、子どもの心をキャッチしたら、無視できるわけがない。無視せずに、共感しながら丁寧に聴いてあげて、子どもと心のキャッチボールしなければならない。

　手が離せない場合でも、子どもの心を知りながら無視してはならない。一方的に、「後で」と言ってもならない。「これを置いたらすぐに戻るから、それからでもいい？」などと話して、子どもを納得させる必要がある。

　また、「あなた」とか「みんな」ではなく、「○○ちゃん」とその子の名前で話しかけることが大切である。更に、2歳くらいになると、「どうして？」と保育者を質問攻めにすることがある。それに答えていると、いつまでも続いてしまう。そんなときは、中山ももこは、子どもに「どうしてだろう？」と切り返すと、子どもなりに考えて答えることを指摘している。子どもの話を聴くことは、子どもの話を保育者が一方的に聴くのではない。同意したり、具体的に確かめたり、言葉を返したりして、子どもが話したいことを明確にしてあげたり、広げたりしなければならない。聴き方も、簡単ではない。

　いずれにしても、子どもの気持ちに寄り添いながら、子どもの都合に合わせて、子どもとのやり取りを楽しみながら、丁寧に関わりたい。

　丁寧に話を聴いてくれる保育者かどうかは、初対面のときから子どもに見透かされていると思わなければならない。日頃から、伝えずにはいられない「豊かな生活」を創りながら、丁寧に聴いてあげることを積み重ねることによって、子どもが安心して、積極的に話しかけてくる。いきなり、積極的に話してくると考えるべきではない。子どもの保育者に

第3章　子どもにとっての「造形活動の意味」を考えよう　145

対する信頼感、子どもが話すことを楽しく感じることは、保育者が育てていくものである。

「1対1の対話活動」における子どもとの対話の方法は、200-207頁参照。

イ　がんばったら褒められる生活

　子どもが努力したこと、気がついたこと、できなかったことができるようになったことなどは、その場で、タイミングを逃すことなく褒めなければならない。ただし、褒めることが大切だからといって、なんでも褒めればよいのではない。褒めることが過剰になってもいけない。子どもから見て、大したことでなかったら、保育者がいくら褒めても空回りする。子どもが内面から充実感があったときに、間髪入れずに褒めると、子どもの気持ちが保育者と共鳴して、ぐっと心に響く。そのためには、保育者に子どもの心の状態を見抜く能力がなければならない。

　褒めることによって、子どもの自己肯定感を深め、行動意欲が引き出される。また、褒めることは、子どもを認めることである。子どもの行動を否定したり、失敗を責めてはいけない。

　保育者の意識が、褒めることだけに向いてはならない。「褒めること」「認めること」「否定しないこと」「失敗を責めないこと」、これらは同義語である。

ウ　やりたいことが、自分のペースでやらせてもらえる生活

　保育者が、自分が考えたとおりに子どもを活動させようとすると、必要以上にやり方を教えたり、やっている脇から行動を修正することになってしまう。こうなると、子どもは指示待ち人間になってしまうか、やっていることを修正させられることに意識が向いてしまう。

　これでは、やりたいことをやらせてもらえないことになる。人間は子どもに限らず、自分で考えたやり方でやりたいものである。表現を急かしてはいけない。表現したいことが明確になれば、おのずと表現する。子どもの表現したいことが鮮明になるように、保育者は共感しながら、子どもとやり取りすることが必要である。

　大人が考えたようには、いくはずがない。すぐにできなくてあたりま

えである。子どもは、試行錯誤しながら、手ごたえを感じて、学んでいく。

　保育者からの、指示・命令・禁止の多い生活は、なによりも子どもの主体性が損なわれ、子どもの存在をなくしてしまう。保育は、保育者の都合に合わせるのではなく、子どもの都合に合わせなければならない。子どもの活動を見守りながら、必要に応じて、最小限の支援をするのである。

エ　必要なことや大事なことは、きちんと教えてもらえる生活

　保育は人間が創り出してきた文化を学ぶ場なので、教えなければならないことも多い。例えば、初めて絵の具で色を作るときには、筆の使い方・水の含ませ方・雑巾の使い方・試し塗りの方法などを教えなければならない。あらかじめ、必要なことや大事なことを保育者から教えられることによって、活動の見通しを持つことができる。

　また、保育者から教えられても、子どもなりに工夫したり、試行錯誤することになる。子どもが困ったときに教えてもらえる保育者がいると、子どもは安心していろいろなことにチャレンジすることができる。

②　必要な時間や材料が保証される生活

　現場では、ややもすると、「同じ時間内」「同じ材料」「同じ作り方」で子どもたちに活動させがちである。

　保育者が考えたとおりの制作を求めるなら、「同じ時間内」「同じ材料」「同じ作り方」でかまわない。これでは、「豊かな生活」とは真逆の生活である。

　幼稚園で、子どもたちが夢中になっている活動を保育者が中断したのを見たことがある。保育者には、次にやりたいことがあったのである。しかし、子どもたちが夢中になって活動していることの大切さを考えれば、時間を延長できたのにとても残念だった。

　保育は集団で行われるので、フレームは必要である。しかし、そのフレームは絶対的なものではない。子どもの状態に合わせて弾力的に運用すべきである。

　また、制作は一斉に始めることができても、一斉に終わるのは難しい。なぜ

なら、個人差があるからである。早く終わる子どももいれば、時間が足りない子どももいる。早く終わった子どもには、材料を追加して二つ目の制作に挑戦させたり、他の活動をさせたい。時間が足りない子どもには、昼休みや放課後や翌日などに時間を確保したい。

　保育者が計画したとおりに進めることが、重要なのではない。むしろ、保育者が準備した活動が、保育者の予想を越えて発展していかなければならない。活動が膨らむと、保育者が準備した次の活動はできなくなる。保育者が準備していた活動は、後日に回せばよいだけである。

　材料も、子どものイメージが膨らみ、配布された材料では足りなくなることがある。また、試行錯誤の結果、材料がだめになることもあるので、材料は余分に用意したい。材料の保証で大事なことは、材料を追加してもらえること対して、子どもの抵抗を払拭することである。余分に用意していないからといって拒否したり、材料をだめにしたことを責めたりすると、もらいたくてももらいにくい雰囲気が醸成されてしまう。無論、ふざけて材料をだめにした場合は、注意すればよいだけである。

　いずれにしても、子どもが材料を欲しいときは遠慮なくもらえることが大切である。この場合、子どもが勝手に持っていくのではなく、保育者に断る習慣を身に付けさせたい。保育者に断ることで、表現したいことを確かめながら励ますことができるし、コミュニケーション能力も高めることができる。保育者に断ることがスムーズにできない子どもの場合は、子どもの気持ちを察して、もらいに来るのを促すことも必要である。

③　主体的・能動的な活動がたっぷりある生活

　楽しく遊べる遊具や遊び場があると、登園が楽しくなる。ややもすると、固定遊具は設置した当時のままで使いがちである。開園時に設置した遊具や遊び場であっても、一部を入れ替えるとか、アレンジするなどの工夫を惜しんではならない。砂場でも、隣に小山を造ったり、水路を造ったり、道具を追加したりするだけで、子どもの主体的・能動的な遊びが広がる。いずれにしても、魅力的な遊具や遊び場になっているかを考え続けたい。

　また、設定保育や行事などでは、「保育者自身がやらなければならない活

動」「子どもと保育者の両方で行う活動」「子ども自身に委ねる活動」をきちんと考えて臨まなければならない。その中で、「子ども自身に委ねる活動」が最大限に確保できる活動が望ましい。そして、「子ども自身に委ねるべき活動」なのに、つい、保育者がやっていないかの検証も必要である。無論、「子ども自身に委ねる活動」でも、活動の様子を見ながら、必要に応じて支援をしなければならない。

保育者が考えたとおりに子どもを活動させるなら、保育者が積極的に介入すればよい。しかし、それでは、子どもの活動ではなく、保育者の活動である。保育者が考えたとおりの活動にならないときに、「困った」と考えて、すぐに保育者が考える正解に導くのではなく、子どもの心に寄り添うことに仕事の意義を見いだしたい。

保育者が必要以上に介入すると、保育者が想定した結果に速くたどり着くかもしれない。しかし、子どもは、保育者が考えたとおりには活動しない。子どもは、自分でいろいろ試してみたいし、うまくいかないときもある。子どもみずからの主体的・能動的な活動による試行錯誤や紆余曲折があって、そこから学ぶのである。これは、大人も子どもも同じである。

ただし、一人で活動している現象があるだけでは、必ずしも主体的・能動的な活動とは言えない。「学び」及び「内面の育ち」があってこそ、主体的・能動的な活動と言える。子どもの心を眼に見える現象で判断するのではなく、眼に見えない子どもの内面を洞察できる保育者でなければならない。

④　持っている能力が最大限に発揮され、さらに高まる生活

人間の能力は、固定されたものではない。能力は高まるものであり、低下することもある。保育園での優れた能力が、小学校に入学後に低下した例も報告されている。年齢を重ねるだけで、階段を登るように高まるとは言い切れない。周囲の人的・物的環境に左右される。

日々の生活では、自分が持っている能力を使って行われることが多い。能力のごく一部で済む場合もあれば、かなりの部分を使って行われる場合もある。しかし、自分が持っている現在の能力だけで済む生活では、発見もなければ、成就感もなく、成長は望めない。

第3章　子どもにとっての「造形活動の意味」を考えよう　*149*

　そこで、現在持っている能力を最大限に発揮して、保育者からの支援や仲間との関わりなどがあれば、なんとかクリアできる課題に挑戦する生活が重要となる。この課題のことを、ロシアの心理学者ヴィゴツキーが「発達の最近接領域」と名付けたことはよく知られている。ちょっと難しい課題に取り組ませるのである。

　そこで、「発達の最近接領域」の見極めが重要となる。いくらがんばっても不可能な課題は、「最近接」ではなく、「発達から遠すぎる無理な領域」であり、活動内容としては不適切である。

　子どもの能力を100%見極めることはできないし、子どもはしばしば予想を越えた行動をする。保育者が「発達の最近接領域」に合わせて考えたつもりでも、課題が簡単過ぎたり、難しすぎたりすることは決して珍しくない。

　それでは、「発達の最近接領域」をどのように考えたらよいのだろうか。まず、子どもの実態把握をしっかり行う。次に、第2章で紹介したように、簡単な作り方から難しい作り方まで対応できる題材、試行錯誤が保証される題材、工夫と発展が可能な題材を考える。そのうえで、子どもの活動に合わせながら、柔軟に対応する。

　みんなが同じ材料を使って、決められた時間内に、保育者から指示された作り方では、簡単に作品ができるかもしれないが、子どもが持っている能力は発揮されにくい。

　無論、設定保育では課題を設定して、みんなが同じ活動に取り組むことになる。みんなが同じ活動に取り組むこと自体は間違いではないし、必要なことである。しかし、活動で重要なことは、保育者が決めたマニュアルに沿って子どもが作品を作るのではなく、それぞれの子どもがイメージを深め、いろいろ考えて試行錯誤しながらチャレンジしていくことである。

　「発達の最近接領域」に集中して取り組む試行錯誤や悪戦苦闘は、現在持っている能力を最大限に発揮して取り組んでいる姿そのものである。この過程で、発見や驚きがあり、できなかったことができるようになる。成就感を実感するとともに、能力が高まる瞬間である。

⑤　自然、栽培、飼育、行事、日々の活動で豊かな体験ができる生活

どこの園でも、散歩して自然に触れたり、野菜や花を育てたり、動物を飼育したり、さまざまな行事も行われている。体験の場を豊富に用意することは必要であるが、問題は体験のさせ方である。単なる体験を越えて、いかに子どもの心に響く体験となるかが重要となる。

ア　夢中で遊べる生活

園には、滑り台・雲梯・砂場・ブランコ・ジャングルジム等の遊び場がある。粘土コーナーがある園もある。遊び場は、屋外に偏重してはならない。

園には、年齢や発達の異なる子どもがいる。同じ遊具を異年齢どうしが使うことによって、交流も生まれる。年長児はもちろん、低年齢の子どもにふさわしい遊具が屋内外に完備していなければならない。

限られた遊具で、しかも固定してはいけない。特に、固定遊具は一度設置するとそのままになりがちである。内外の他園からも学びながら、リニューアルすることも考えたい。

また、砂場を例にとっても、砂遊びの道具がそろえられているとともに、使いやすく、片づけやすい環境になっていなければならない。更に、水を使ったり、水で洗いやすい環境も求められる。

ただし、遊び場の整備だけではふじゅうぶんである。子どもが工夫して遊んでいたら、褒めることも必要である。更に、保育者が仲立ちして遊びを仕掛けたり、広げることも必要である。

イ　飼育・栽培で、子どもが主人公になれる生活

飼育・栽培は、保育者の手伝いではいけない。栽培も収穫だけではいけない。大人から見ると手間暇がかかるかもしれないが、子どもが主人公・当事者になれる飼育・栽培を目指したい。

園庭に柿が実った場合、実った柿を見て絵を描いたり、大人が収穫して皮をむいてくれたのを食べるだけでもいけない。子どもたちで収穫すべきだし、皮むきも子どもたちにやらせたい。たくさん獲れたら、干し柿づくりをしてもよい。

第3章　子どもにとっての「造形活動の意味」を考えよう　*151*

　大人が収穫して、大人が皮をむくと簡単である。子どもがやると、準備をしなければならないし、時間もかかるし、スムーズにはいかない。でも、子どもが自分で収穫し、自分で皮をむく、このような体験こそ子どもの心に染みる。

　横浜の安部幼稚園では[32]、子どもたちがダイコンを植え、収穫し、調理して食べ、切り干しダイコンまで作っている。花が咲いたダイコンを根っこごと掘り出して教室の真ん中に置き、そのダイコンを見ながら絵を描いている。ここには、子どもが主人公の、豊かなダイコン物語がある。汗をかく姿、自慢げに収穫している姿、真剣に包丁で切る姿、おいしそうに食べる姿、子どもなりの労働の姿がある。

　ほかにも、拾ったクルミの硬い殻を割って食べたり、クルミ入りのパンにする。クリは、イガで染めたり、クリご飯にする。八重桜の花を摘んで、サクラの花の塩漬けやサクラ餅にする。梅でシロップを作ったり、ニンジンでケーキを作ったり、トマトでピザを作ったりしている。このように、さまざまな野菜や果物を栽培し、収穫し、調理して食べている。

　飼育では、ヤギ・ウサギ・チャボ・カメ・カイコ・ムシ等のえさやりや掃除や散歩などを、子どもたちが行っている。動物の世話を通して育まれるものは、計り知れない。

　東京の柿田比佐子の「カイコ」の実践では[33]、都会の真ん中（渋谷）にある幼稚園の子どもたちが、夏休みに自宅でカイコの世話をしている。カイコの毎日の世話を通して育まれたカイコへの想いが、感動的な「蚕（カイコ）の想像画」につながっている。更に、そのときの繭を使った「コサージュづくり」に保護者が熱中している。

　このように、子どもが主人公として飼育・栽培に関わるためには、大人の準備・片づけ、配慮、見守り、支援などの覚悟がなければできない。子どもの生き生きした活動のために、労力をいとわない保育者になるのか、それとも、労力を回避する保育者になるのか。保育者の誰しも、自分から「労力を回避したい」とは言わないが、日々の活動における子どもの表情が自然と物語る。

たくさんの労力を要しても子どもが輝くとはかぎらないが、子どもが輝くためにはそれなりの労力を必要とする。学びは、保育者と子どもが共同で創るものだから、労力は当然のことである。

ウ　絵本にひきつけられる生活

子どもたちが自由に読める絵本は、充実していなければならない。潤沢な予算に恵まれている園はないので、保護者や地域にも絵本の提供を呼びかけたい。

絵本の読み聴かせは、どこの園でも頻繁に行われている。絵本を選ぶ基準は、見た目のきれいさや表面的なおもしろさなどではなく、テーマが最重要である。人間にとって、本質的で普遍的なテーマが子どもの心に響くと言われている。最近出版された絵本に限定する必要はない。新しい絵本か、古い絵本かは重要ではない。保育者が読んで、テーマを見極める必要がある。そこで、重要なテーマと判断したら、読み聴かせて、対象の子どもに合致しているかを見極める。実践を積み重ねると、子どもの発達に応じた絵本のリストができる。それが、保育者の財産になる。

絵本の読み聴かせでは、次の4点に留意したい。

1点目は、「保育者の読み方」である。保育者が絵本を読む際に、感情移入などが過剰なオーバーアクションでは、子どもの興味が絵本ではなく、読み手に向いてしまうので注意しなければならない。

2点目は、「子どもの位置」である。子どもが床に座り、保育者が教卓に絵本を載せて読み聴かせをしている幼稚園があった。子どもは低い位置から、高い位置の絵本を見上げていた。更に、よく見えない子どもが、立ち上がって見えやすい場所に移動したら、移動したことを保育者に注意された。子どもたちの目の高さと絵本の高さが同じくらいだと、子どもが疲れずに見ることができる。子どもの人数にもよるが、楽な姿勢で見ることができる場所がよい。人数が少なければ、全員が椅子でよい。人数が多ければ、後ろの子どもが見にくくなるので、1列目は床に座る、2列目は低い椅子に、3列目は高めの椅子にと、目線の高さに変化をつける。

第3章　子どもにとっての「造形活動の意味」を考えよう　*153*

　3点目は、「読む回数」である。気に入った絵本は、子どもは何度でも読み聴かせてほしいものである。保育者は、「また？」と言ってはならないし、絶対に言うべきではないし、態度に出してもいけない。高知の中山ももこは、同じ絵本を1か月に20回も読み聴かせている。この回数によって、子どもの心は絵本に揺さぶられ、絵本のストーリーや登場人物の心情も理解していく。

　4点目は、「表現へのつなぎ方」である。絵本の読み聴かせで揺さぶられた気持ちを、そのままにするのはもったいない。劇（ペープサートも含む）・絵・紙芝居・身体表現・歌等の表現につなげたい。豊かな表現へのつなぎ方は、後述する（158-169頁）。

エ　自分のペースで散歩できる生活

　散歩は、運動になるし、日光浴にもなる。動物・植物・水・匂い・風雨・人・車等との出会いもある。子どもにとって、散歩は未知との出会いの場であり、基本的に大好きである。ただし、部屋での活動は、寒暖などの対策も要らなければ、掌握も楽である。その点、散歩は準備も要るし、安全やケガやトイレなどへの配慮も欠かせないが、積極的に散歩すべきである。

　散歩で重要なことは、大人のペースで歩かないことである。子どもをしっかり観察しながら、子どもの興味・関心に応えなければならない。子どもが気がつかなければ、大人が見つけてあげることも必要である。野イチゴを見つけたら、採って食べてよい。水たまりがあったら、石を投げて遊んだり、棒などで突っついてもよいだろう。カエルや昆虫などとの出会いもあるかもしれない。ヘビやトカゲだっているかもしれない。きれいな花が咲いているかもしれない。保育者が仲立ちしながら、これらと子どもなりに交流することが重要となる。

　目的地を決め、時間を気にしながらの散歩は止めたほうがよい。目的地まで行くことは重要ではない。時間になったら、そこから戻ればよいだけである。

オ　勝敗よりも大事なことを学ぶ生活

　運動では、走りが得意な子どももいれば、不得意な子どももいる。ややもすると、不得意な子どもは負けがちである。運動会の個人競技にしても、紅白対抗種目にしても、勝敗がつきものである。勝負なので、勝ち負けが出る。勝ったうれしさ、負けた悔しさを味わうことも必要である。

　しかし、大事なことは、負けることで運動会が嫌いにならないための取り組みが必要である。仲間に励まされながら、「自分は、こんなにがんばったんだ！」と、自信を持って言える取り組みが必要である。練習の過程で、自分の成長が実感できるし、仲間とのきずなも深まる。自分独りではがんばれなくても、仲間がいるとがんばれる。この過程で、自分がこんなにがんばれる人間であることに、子ども自身が驚く。勝ち負けよりも大切なことを学ぶ。

　中山ももこの実践でも[34]、「赤は負けたけど、Aちゃんがのぼれただけで、じゅうぶんや」と、子どもにとっては勝敗よりも取り組みの内容が重要であることを詳しく紹介している。仲間が力を合わせて精いっぱい練習してきたからこそ、到達できた充実感である。勝敗よりも、目標に向かって、みんなで取り組むことの大切さを、改めて教えられる。

カ　役割などがあり、自分の存在を実感できる生活

　どんな行事でも、保育者が全面的に進行すると楽であり、スムーズに進む。しかし、これでは、保育者のための行事である。子どもはお客さんではない。傍観者でもない。ならば、子どもが最大限に主役となるように、子どもに多くの役割を持たせなければならない。無論、行事に限ったことではない。

　子どもが多くの役割を持つために、保育者がしっかり準備して支える。そのための労力を、保育者が惜しんではならない。

　キャンプファイヤーでも、女神、付き人などの役割を持たせなければならない。年長児になると、衣装も相談して作るべきである。本番では、緊張するかもしれない。でも、やり遂げた経験は大きな自信となる。年

第3章　子どもにとっての「造形活動の意味」を考えよう　*155*

長児の姿に、下年齢の子どもたちは憧れを抱く。

　それぞれの行事には、いろいろな要素がある。いろいろな要素があることは、それぞれの要素に子どもが主体的に参加することによって、子どもが成長できるということである。子どもができるところは、可能な限り子どもにやらせなければならない。

　タケノコ掘り・イモ掘り・ミカン狩り・山菜採り・サカナ取り・クリ拾い・節分・ひな祭り・発表会・運動会・プール開き・夕涼み会・遠足・地域の行事への参加・お店屋さんごっこ・雪遊び・収穫祭等、さまざまな行事が園では行われている。園で定着している行事であっても、今以上に子どもが役割を持てないかを常に検討したい。

　また、行事以外のさまざまな場面でも、子どもが役割を持って活動できる場面を徹底的に研究したい。

キ　行事に対する不安を払拭できる魔法をもらえる生活

　全ての子どもが、全ての行事が好きであるとは限らない。運動・水泳・歌・踊り等が苦手な子ども、鬼や動物が怖い子ども、土を触るのが嫌な子どももいる。

　子どもが、苦手だったり、怖かったり、嫌いなものがあらかじめ分かっていれば対応しやすいが、事前に分からない場合もある。

　ただし、保育者は、経験的に予測が可能である。プール開きで、水が嫌いな子どもにどうしたら好きになってもらえるか。節分の鬼が怖がる子どもに、恐怖心を助長しないためにはどうしたらよいか。お泊まりで、寂しがったり、暗いのを怖がる子どもにどう対応したらよいか。肝試しにどうやって取り組ませるか。これらに対する子どもの気持ちは、大人の想像をはるかに越えている。子どもの気持ちを、子どものせいにしてはならない。

　これらの行事は、苦手や嫌いなものを克服し、恐怖心を払拭するチャンスである。そのための手だてを考えなければならない。恐怖心を払拭する魔法を授けて、心強い仲間と力を合わせながら、物事に立ち向かう気持ちを育まなければならない。

以下、中山ももこの実践、「プール開き」の概要を紹介する。[35]

「プール開き」

「プール開き」に、「カッパ」と「ブリキさん」にふんした保育者が、巻物とお土産（カッパスナック、グリングリンジュース）を持って登場する。巻物には、「水の中でも　へのかっぱ5箇条」のタイトルで、年齢に応じた課題、保育者の願いが書いてある。扮装した保育者が演じ、魔法の食べ物に託して、子どもたちに力を授けるのである。水が嫌いでも、魔法の食べ物の力でがんばれるのである。

「すいすいかっぱ　[5歳児　バタ足泳ぎ]」

「うきうきかっぱ　[4歳児　ふしうき]」

「ぶくぶくかっぱ　[3歳児　おかおつけ]」

「ぴちゃぴちゃかっぱ　[2歳児　水になれよう]」

「にこにこかっぱ　[1歳児　楽しくあそぼう]」

　その結果、「シャワーきらいやったのに、お豆食べたき、平気になった」「かっぱスナックのおかげでお顔をつけることができた」などの声が、子どもたちから響いたという。

⑥　仲間や保育者とつながる生活

「つながる生活」とは、「お互いが学び合える生活」「認められる生活」「困っているときに助けてもらえる生活」「自分を理解してもらえる生活」「独りではできないことが仲間の応援でできるようになる生活」「自分と仲間との違いを知る生活」「仲間と折り合いながら社会性を身に付けられる生活」「みんながんばっているから自分もがんばれる生活」である。

　これらは、集団生活でなければできない生活である。園は集団生活なので、それだけで人との関わりが生まれる。砂遊びで仲間とやり取りするなど、いっしょに活動する場面はさまざまある。

　しかし、それだけではふじゅうぶんである。保育者が積極的に仲立ちしなければならない。例えば、子どもたちが絵を描いていたとする。個室ではなく、同じ部屋で行われる以上、仲間の活動が目に入る。仲間の活動や絵を見て、何かを感じ、影響を受ける。

第3章　子どもにとっての「造形活動の意味」を考えよう　*157*

　がんばっている子どもの活動（絵）を保育者が褒めてみんなに紹介すると、みんなが見ることになる。自分もそのように描きたいと思うかもしれないし、がんばろうと思うかもしれない。褒められた子どもも、自己肯定感が高まる。このように、保育者が仲立ちすることによってつながる。

　絵日記などの発表を毎日行うことによって、自分が思ったことを仲間と共有できる。お互いの違いが理解できる。伝える力や聴く力が育つ。自分に自信が持てる。

　難しい課題の場合は、仲間に見本があれば参考にさせる。モデルがいることは、集団ならではである。また、仲間の応援や手助けが行われるように仲立ちする。仲間の力によって、意欲が高まる。成功したら、みんなで喜び合う。

　つながる生活のためには、共同制作・劇遊び・演奏・リズム等で、共同で行う取り組みも重要となる。

　無論、仲間とぶつかることもある。反対されたり、拒否されたりすることもある。これも、重要な仲間とのつながりである。その過程で、自分の考えや行動の再編を迫られる。

　このように、人間の行動や思考は、自分独りで形成できるものではなく、他人（仲間、保育者、家族など）との関わり抜きには成立しない。

　保育はややもすると、個人に意識が向きがちであるが、「集団づくり」にもっと目を向けなければならない。「仲間や保育者とのつながりが深いクラス」「仲間といると楽しいクラス」「仲間といると心はずむクラス」、そんなクラスづくりを目指したい。

　保育は、領域に区別されている。保育者自身、小学校・中学校・高等学校では教科ごとの授業を受けてきている。よって、「造形」「音楽・リズム」「体育」「遊び」「ことば」「かず」などをどのように指導したらよいかは、それなりに学んでいる。

　しかし、「集団づくり」は、案外と学んでいないのが実情であろう。現在担当しているクラスの、そのときどきのクラス集団にはどのようなよさがあって、どのような課題があるのか。どのようなことに留意して、どのようなクラス集団にしていくのか。一人ひとりの人格形成のためには、「集団づくり」は

極めて重要である。保育者は、「集団づくり」のプロでなければならない。

⑦　みんなに認められる生活

「みんなに認められる生活」は、前項の「仲間や保育者とつながる生活」と切り離せない。保育は、集団で行われる。集団とは、いろいろな人間の集まりである。それぞれに個性があり、得手不得手がある。走るのが得意な子、絵を描くのが好きな子、歌やピアノがうまい子、乗り物に詳しい子など、実にさまざまである。どの子どもも、それぞれによさがある。それぞれのよさが認められるのは、集団ならではである。

このことは、自分が認められることであるとともに、仲間を認めることであり、仲間から学び合えることを意味する。

一人ひとりの子どものよさが発揮される活動は、保育者が主導して作っていかなければならない。そして、発揮された子どものよさを保育者が積極的に認めるとともに、みんなにも仲立ちし、共有していかなければならない。

⑧　自己決定のある生活

マーカーや絵の具の色、材料や道具などは、できるだけ自分で選ばせたい。「これが好き」、でも「どれにしようかな」「今度はこっちにしよう」と。

選ぶためには、判断が必要である。人が人らしく生きることは、自分らしく生きることである。自分らしく生きることは、他人によってお膳立てされたり、過保護にされたりする生活ではない。自分で判断して、自己決定していく生活である。日々の中で、自己決定しなければならない場面を最大限に設定し、積み重ねることによって、判断力や思考力が育つ。判断力や思考力は、特別なことをしなければ育たないのではない。

(2)「豊かな生活」を、「豊かな造形表現」につなげよう

「豊かな生活」とはどのような生活なのかは、前項で述べたとおりである。優れた造形作品を作らせることが、重要なのではない。まず第1に、徹底的に、子どもにとっての「豊かな生活」を追求し、実践していかなければならない。「豊かな生活」とは、「心に響く生活」である。

「心に響く生活」があればそれだけでよさそうだが、なぜ、表現につなげな

ければならないのだろうか。

① 人間における造形の意味

ドイツの哲学者ルートヴィッヒ・クラーゲス[36)]の、人間と造形の考え方を紹介する。

世の中は、人間を「[精神（こころ）]と[肉体（からだ）]」と捉える二元論が支配的である。一方、クラーゲスはアリストテレスなどの考え方に依りながら、生命を「[心情（こころ）]と[肉体（からだ）]」と捉え、その生命に後から「精神（自我）」が闖入したのが人間であるとしている（図3-9）。

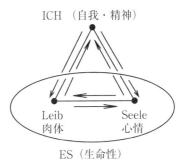

図3-9 クラーゲスにおける人間の図式

生命を形成する「肉体」と「心情」は、双極で結ばれ、両者は不可分な関係にある。植物は、生命つまり心情も肉体も目覚めていないが、動物は肉体だけが目覚める。人間は、後から闖入した「精神」によって、肉体の覚醒に加えて、心情の観得力が目覚める。そして、心情の観得力の目覚めによって、形象を創造する造形性能（造形力）がもたらされるとされる（表3-8）。

表3-8 クラーゲスにおける個人的生命過程

	摂受面（受容面）	実施面（効果面）
精　神 （自　我）	領取能作 （理解、判断）	随意能作 （意志、意欲）
心　情	観　　得	形　成 （造形性能）
肉　体	感　　覚	欲動推進 （運　動）

「感じる（観得）」「表現する（形成・造形性能）」は、人間のみが持っている能力である。「人間が人間らしく生きる」「人格を形成する」ためには、生命の心情の働きである「感じる」と「表現する」を豊かにしなければならない。

心揺さぶられる生命体験を重視し、その生命体験を表現していくのである。「豊かな生活（体験）を通して感じる」のは生命である「心情」の摂受、「豊かに表現する（形成・造形性能）」のは「心情」の実施面としている。「感ずる」と「表現する」は同じ「心情」の働きであり、両輪である。「情操」も、「精

神」と「肉体」を結びつける「心情」つまり、「心情」の摂受面（観得）と実施面（形成・造形性能）の両輪を育成することにほかならない（表3-8）。

　ただし、「精神」は時として「生命」と敵対し、時として「生命」と協調するとされる。人間の生命が躍動するか、それとも萎縮して生命が危機にひんするかは、「精神」のありようによる。生命が躍動するための「精神」は、理知的性能（理解、判断）に踏みとどまって、生命の覚証性能として生命に従属したままの状態とされる。

　一方、生命を脅かす「精神」は、独裁的な意志・意欲として「肉体」と「心情」を分断し、生命を克服した状態とされる。

　以上から、保育者には、「意志・意欲」としての「精神」ではなく、「理解・判断（つまり理知)」としての「精神」が求められる。「意志・意欲」としての「精神」は、「～でなければならない」「こうあるべし」の世界である。「論理・規範・規則・おきて・理屈・概念・たてまえ」であり、大人の一方的な価値観・先入観といってもよい。保育者が大人の意志・意欲を強めながら、子どもの生命に思いをはせることもなく、大人の論理を優先してはならない。保育者の一方的な指示・命令・禁止・介入等によって子どもの行動を修正するなら、子どもの生命は萎縮する。

　それに対して、子どもの生命が生き生きと輝くためには、保育者が子どもの生命に寄り添い、子どもの心と対話し、子どもの心の理解に努めなければならない。そして、保育者による禁止や命令や介入ではなく、子どもが自主的に判断できるようにしなければならない。クラーゲスは、心情育成の主養分に、「驚嘆・愛・手本」を挙げている。そして、手仕事や畏敬心、教師の「誠実さ・勇気・節度」が重要であるとしている。

　保育者の、暴力的かつ威圧的な子どもへの指示・命令・禁止・介入は論外である。しかし、ふだんの何気ない子どもとの関わりで、子どもが感じて表現することにブレーキをかけていないか、大人の価値観を押しつけていないか、子どもの生命に寄り添っているかを見直したい。保育者が、子どもに笑顔で、優しく、穏やかに対応するかは無関係である。子どもが自分で感じ、自主的な判断によって表現を深め、子どもの「心情」が輝く対応をしなければならない。

第3章　子どもにとっての「造形活動の意味」を考えよう　*161*

「豊かな生活」を、「豊かな造形表現」につなげる本質も、ここにある。

②　発見・驚き・喜怒哀楽に満ちた充実感のある生活が、表現の源である

　発見・驚き・喜怒哀楽に満ちた充実感のある生活、つまり、「豊かな生活」の体験がなくても、保育者が作品の作り方を教えれば、子どもは忠実に作品を作る。これでは、子どもの魂はいっさい揺さぶられないし、発見・驚き・充実感とは無縁である。大人が書いた設計図どおりに、子どもが作って完成させているにすぎない。まさに、「作品づくり」が目的の「作品主義」であり、子どもの姿を借りた大人の作品である。

　子どもに心揺さぶられる「豊かな生活」の体験がいっさいなくても、作品ができる怖さがある。色や形があれば、表現（作品）に扱われてしまう。子どもが大人に指示されたとおりに作っているのにすぎないのに、工業製品の組み立てと違って、使う色や描く形などが完全に同一になることがないので、個性が発揮されていると勘違いする。同じ材料で、同じ作り方で、子どもに工夫する余地が少ないと、子ども一人ひとりの魂はいっさい伝わってこない。これでは、子どもの表現とは言えない。

　表現したい確固たる動機となる、子どもが心揺さぶられる「豊かな生活」の体験のない表現は、表現とは言えない。心揺さぶられる「豊かな生活」を通して、子どもに培われたイメージが豊かな表現の種となる。また、感触遊びや土粘土などは、活動そのものが子どもの心を揺さぶるので、工夫して積極的に展開したい。

③　豊かな表現につなげるには、工夫が要る

　まず、子どもが心揺さぶられる「豊かな生活」を体験したら、体験のしっぱなしにしないで、何らかの表現につなげなければならない。言語が未発達な幼児は、造形・音楽リズム・運動などの非言語的な表現をメインとし、その表現に言語を絡めていくことが重要である。

　また、どんなに「豊かな生活」を体験したとしても、基本的に子どもは勝手に表現しない。どんな材料を使って、どれくらいの時間を使って、どのように表現していくかは保育者が決めなければならない。教材研究及び保育構想が重要となるゆえんである。

そして、体験を思い出させながら、イメージを焦点化してあげて、表現したいことをはっきりさせてあげることが必要となる。この際、大人の先入観で誘導しないことである。説明過多でもいけない。子どもの感受性と大人の感受性は、全くの別物である。

山登りでも、子どもの生命それぞれが自然という世界と対話していると考えなければならない。それを、保育者のほうから「みんなよくがんばったね」「汗いっぱいかいたね」「飲み物おいしかったね」「山きれいだったね」などと先回りして言ってはならない。子どもから引き出すべきである。そのためには、急かさないで、共感しながら丁寧にやりとりする。そうすると、子どもがどのように感じたかが子ども自身の中で整理されてくるとともに、保育者も子どもがどのように感じていたのかが分かる。無論、表現されたものから、子どもが何を感じたのかを発見することもある。

④　発達段階における造形表現の特質と主導的な活動を理解して、豊かな表現につなげよう

作品づくりのための造形活動には意味がない。前述した、発見・驚き・喜怒哀楽に満ちた充実感のある「豊かな生活」こそ表現の源である。よって、「豊かな表現」が生まれるためには、「豊かな生活づくり」が重要となるのは言うまでもない。

更に、「発達には個人差がある」こと、「造形表現はそれだけで発達するのではなく、認知や言語・身体や運動・対人関係や自我などと密接に関連している」ことを押さえたい（表3-7［128-129頁］参照）。

山田康彦は[37]、人格形成全体にとって、①「対象に働きかけ形を生み出す根源的な喜びの経験」、②「表現の真実性の追求」、③「表現における対話性の発展」の3点を、発達過程で共通的に重視しなければならないとしている。

造形表現は、保育者に指示されたとおりにするものでもないし、保育者が気に入るように作ることでもない。造形表現は、物・保育者・仲間との関わりを通して、自己の行為を能動的に決定してくものであり、かけがえのないものである。自分を表現していくことは、根源的な喜びである。よって、根源的な喜びが生み出される保育者の対応が求められる。

②の「表現の真実性の追求」では、「なぐりがきは、生きたなぐりがきに」「お話の絵が、本当に伝わるものに」「視覚的・感覚的リアリズムの時期の表現が、形だけの追求ではなく、思いがしっかり込められたものに」と、「子どもの生きた感覚・感情・認識が素直に表現されているか」が問われる旨を述べている。そして、表現に込められた子どもの思いの読み取り、表現を見る目を深く耕していく営みの大切さに言及している。

　③の「表現における対話性の発展」では、対話性には「保育者と子どもあるいは子どものどうしの対話関係が表現を支える」側面と「表現自体が対話である」側面の２つの側面があることを指摘したうえで、保育者が子どもの表現を丁寧に受け止めて受容・共感すること及び子どもどうしがお互いの表現に共感していくことの重要性を確認している。

　山田康彦が指摘するように、「表現する喜び」「思いが込められた表現」「保育者と子ども及び子どもどうしの受容的・共感的な対話」は、全ての発達段階で留意しなければならない。無論、３つの視点は、発達に合わせて具体的に展開されなければならない。

ア　０歳頃

　この時期は、あおむけから立位に向けて身体機能が発達していく。マーカーを握って描くことは、まだできない。あおむけ、腹ばい、寝返り、つかまり立ちなどの時期において、全身や手指を使って、感覚野のさまざまな感覚（五感［視覚・聴覚・嗅覚・味覚・触覚］のほかに平衡感覚・圧覚・温覚・冷覚・痛覚）及び運動野に働きかける「感覚（感触）遊び」を積極的に展開する。「感覚（感触）遊び」は、第１章（13-28頁）参照。

　具体的には、「触」「光・色」「匂い」「音」「味」「バランス」などへの働きかけである。「触」は、手を中心に全身を使って、握ったり、押したり、振ったり、引っ張ったり、突っついたり、たたいたり、破ったり、載せたり、入れたり、渡したりして、対象に働きかける。

　対象に働きかける楽しさ（快の体験）を子どもに味わわせるために、保育者が笑顔で話しかけたり、あやしたり、揺さぶったり、やって見せたりして遊びに誘う。笑顔でやりとりを楽しむことによって、子どもか

ら意欲的にやりとりするようになる。

　保育者の働きかけに対して、子どもが反応したり、行動を起こしたら、積極的に受容し、共感する。ここでは、子どもが積極的に対象に働きかけるかどうかは、保育者がその鍵を握ることになる。保育者の愛情によって子どもとの信頼関係が確実に醸成されてくると、対象への働きかけに誘うと、意欲的に関わるようになる。保育者が仲立ちして行われる対象への働きかけを通して、子どもと保育者がコミュニケーションをとることによって、人との関わりが育まれていく。

　安心できる保育者が仲立ちしながら、働きかけがもたらす「快」の体験による、子どもが笑顔にあふれる活動を積み重ねていきたい。

イ　１歳頃

　子どもにとって、自分の行為が形や色になることは、とても不思議なことにちがいない。

　砂をいじるたびに現れる痕跡、積木を重ねることによる変化、線描画における点々や往復線なども、自分の主体的な行為の現れである。自分の行為を、形・点・線などの痕跡として発見することは大きな意味がある。保育者が子どもを遊びに誘い、子どもの行為に共感することによって、ますます意欲的に活動し、広がっていく。

　対象に働きかけて形の変化を楽しむようになるので、砂遊びや積木遊びなどを含む「感覚（感触）遊び」は、０歳頃に引き続いて積極的に展開したい。また、満１歳過ぎる頃にはマーカーを持って、肩を支点に、点々（満１歳頃）、往復線（満１歳半頃）を描けるようになる。ただし、子どもに紙とマーカーを渡すだけではよくない。保育者が笑顔で受容・共感する「１対１の対話活動」を通して、子どもの思いを受容的・共感的に受け止めながら、子どもがマーカーによる点や線に興味を持って、意欲的に描画活動が展開されるようにする。「１対１の対話活動」によって、子どもの思いに共感しながら、単色による線描画活動も積極的に展開したい。

　「自分で」「自分も」などのような、自己主張としての自我が芽生える

第3章　子どもにとっての「造形活動の意味」を考えよう　*165*

ので、子どもの「自分でやりたい」意志を尊重する。保育者は、子どもが自分でやりたくなるような活動を用意して見守る。自我の誕生は、周囲（保育者や仲間）を意識することでもあるので、信頼できる保育者に見守られると、安心して表現していく。仲間の存在を意識させるために、仲間との関わりも大切にしながら、子どもが要求を出せることを大事に育てたい。その際、子どもの要求が仲間に伝わらないときは、保育者が仲立ちしたい。

ウ　2歳頃

　形の変化に興味を示すので、可塑性に優れている土粘土や、両手を使って紙をちぎる活動などを積極的に行う。模倣の時期なので、保育者や仲間がお手本となるように心がける。「感覚（感触）遊び」は、0歳頃及び1歳頃に引き続いて積極的に展開したい。

　満2歳頃にはマーカーを持って、肩と肘を支点とした「ぐるぐる丸」を描けるようになる。

　「ぐるぐる丸」は、自我の拡大の現れと言われている。子どもの充実した活動や生活を作りながら、温かく見守り、「絵の笑顔」と言われる「ぐるぐる丸」がたくさん生まれるようにしたい。また、自我が拡大するこの時期は、自己決定の力を育むことが大切なので、自分で決める場面を多くしたい。

　この時期は、まだ具体的な形を作ったり描くことはできないが、「1対1の対話活動」によって、子どもの思いを受容的・共感的に受け止めて聴くと、土粘土の痕跡・ちぎった紙・単色による線描画などに、後から意味づけすることができるので、会話を膨らませながら、形や線に託されたお話を引き出して、204-206頁のように、保育者と子どもが共同で物語を紡いでいきたい。この時期は、「みたて」活動を積極的に展開しながら、伝える喜びを育んでいきたい。

　新見俊昌は[38]、「ぐるぐる丸」を「絵の"笑顔"」、「ぬりつぶし」を「絵の"泣き顔"」と呼んでいる。そして、「絵の"泣き顔"」を否定的に捉えるのではなく、子どもの気持ちに寄り添いながら、自我の拡大のための

援助を考えることが重要であるとしている。

　子どもが、保育者に積極的に聴いてほしいと思っているときは、「これ何？」でもかまわない。聴き方で大事なことは、保育者が一方的に聴いたり、保育者が質問者で子どもが回答者になったり、子どもの言葉を機械的に繰り返したりするのではなく、子どもの気持ちを読み取りながら、子どもが話したことを手がかりに、話が広がるような聴き方ができるかどうかである。最初のきっかけは、感動を込めながら「おっ！　何かな？」とか、「すてきな絵だね！　絵のお話聴かせて！」「○○楽しかったね！」なども考えられる。表面的な言葉のやり取りではなく、保育者の言葉に期待と共感を載せたい。そして、この「保育者の期待と共感」が子どもに伝わって、子どもの心に響くことが重要である。保育者とのやりとりから、子どもに新たなイメージが湧いて、表現も広がっていく。

　「どうして？」「なんで？」と、自我が拡大する時期でもある。「こうなんだ！」と理由を説明することもある。保育者が受容的・共感的聴いてから、切り返していくことによって、意味づけがさらに広がることもある。

　このように、「意味づけ（みたて）」と密接な関連がある自我が拡大するこの時期は、自分で選んだり、自分で決めたりする「自己決定力」や仲間との関係を大事にしたい。

エ　3歳頃

　3歳頃は、のりやテープなども使えるようになり、新たな表現を獲得していく時期である。道具を使う活動では、道具を最初からうまく使うことはできないので、繰り返し使わせるとともに、必要に応じて使い方を教える。子どもは、のりやテープによる貼り付けなどに興味を持って夢中になって取り組むので、さまざまな道具をじっくり操作させながら、材料に対する多様な働きかけを積極的に展開したい。また、「ごっこ遊び」も始まるので、いろいろな遊び道具も用意して、砂遊びなども積極的に展開したい。

　3歳頃は、行為が先行する0歳～1歳頃、行為の後に意味づけする2歳

第3章　子どもにとっての「造形活動の意味」を考えよう　*167*

頃とは違って、イメージが先行する（○○のつもりで作ったり描いたりする［つもり期］）最初の節を迎える。そこで、受容的・共感的な「1対1の対話活動」などによって、線描画に込めた子どもの思いを受容的・共感的に受け止めるようにしたい。形を急がずに、伝える喜びを大事にしたい。

　豊かな生活を創りながら、豊かな生活をイメージがはっきりした表現につなげていきたい。この表現に保育者が仲間と共感することによって、子どもが表現に自信を持つとともに、伝える喜びも育まれ、表現意欲も高まっていく。

　子どもの生活に根ざした、仲間と響き合う豊かな生活を通して、作りたいものや描きたいものがはっきりしてくる時期なので、子どもの自発性を大切にしたい。

　単色による線描画では、肩と肘の協応も充実して、「閉じた丸」が描けるようになる。「ぐるぐる丸」を描いていたのが、最初の地点に戻って止めようとする目的意識が働くことによって、「閉じた丸」になると思われる。子どもにとって、「閉じた丸」は最初の形（図形）と言われる。

　「閉じた丸」いっぱいの表現を、新見俊昌は「ファンファーレ（同じような大きさの丸）」「ダブルファンファーレ（大小の丸）」と命名し、具体的なイメージ・形による表現の幕開けであることを指摘している。「閉じた丸」の後には、顔の形も描けるようになる。ただし、描けるものは「閉じた丸」や「顔」などに限られるが、イメージが先行して「○○のつもり」で描いているので、共感しながら「1対1の対話活動」をしてその意味を確認したり、数名いっしょに活動した後で、絵に託した子どもの思いを聴き出したい。子どもが形や絵に託したイメージを聴き出しながら、伝える喜びを育んでいきたい。

　周囲との関係で自分がどうすればよいかが分かるようになる（自制心）など、仲間への関心や優しさが芽生える時期なので、保育者が仲立ちして、子どもどうしをつなげていく。

　また、「閉じた丸も描けない」「頭足人が描ける」「胴体なども描ける」

など、個人差が目立つようになる時期でもある。表現された形にこだわらず、それぞれの表現がかけがえのないものであることが子どもに伝わるように配慮していきたい。

オ　4歳頃

4歳頃になると、形に合わせてハサミで切ったり、ホッチキス・包丁・金づち・バレン・ローラーなどの道具の使い方にも習熟してくる。また、作りたいものがあって、自分なりに意図を持って作るようになる時期である。組み合わせたりして、複雑なものも作れるようになる。子どもの意思を尊重し、子どもが納得して作りたいものを作れるようにする。子どもの表現したい気持ちを高めるために、多様な材料や道具も用意したい。

工作・版画・粘土などはもちろん、生活を充実させながら、生活に根ざしたイメージを表現する生活画・絵日誌・課題制作や自由画などにも取り組ませたい。

描画では、頭足人が現れ、イメージに添って大まかな形で、画面を埋め尽くすように表現するようになる時期なので、イメージの焦点化を図りながら、イメージに基づいた表現に積極的に取り組ませたい。

自我の葛藤（自我と第2の自我による）によって、自分と仲間の表現を気にするようになるので、お互いの表現が刺激になって、よい影響を与え合うように配慮する。また、仲間との比較で、自信を失うことがないように、「それぞれの表現が、どれもすてきである」ことを伝えて、自信を持たせる。一人ひとりが認め合うクラスづくりが求められる。そのためには、生活の充実が欠かせない。子どもの心を揺さぶる体験が、表現の源だからである。

生活画や絵日誌では、体験したことを表現につなげていきたい。そして、対話しながら、子どもが表現したかったことを聴き取ることによって、考える力や表現する力を高めていきたい。

豊かな生活づくりを通して、自分の表現に自信を持たせるとともに、お互いの表現の伝え合いなどを通して、仲間からも認められるようにし

ていきたい。

カ　5歳頃

　イメージに基づいて構想し、いろいろな形や線や色などで表現できるようになる。写実的ではないが、対象の特徴を捉えた表現が可能になり、基底線による画面の統一（空間の系列化）が見られるようになる。やや細かく、複雑な表現もできるようになる。豊かなイメージの形成を図りながら、これらの力がじゅうぶんに発揮されるようにする。

　ただし、図式期のこの時期は、保育者の指示が強いと子どもの独創性を損ねることがあるので留意する。

　扱うことができる道具も増えるので、ハサミ・包丁・金づち・針・のこぎり・ペンチ・段ボールカッター・穴開けパンチ・グルーガン・ホッチキスなどを積極的に使わせたい。道具の使い方や必要なやり方をきちんと教えることによって、子ども自身が感動するような表現につなげていきたい。工作・版画・粘土はもちろん、生活画・絵日誌・物語画・空想画・観察画・自由画・課題制作なども取り組ませたい。

　また、自分で絵の具を作って筆で塗ることができるようになるので、きれいな彩色ができるための用具の使い方を教えながら、水彩絵の具による着色も導入したい。

　また、話し合いができるようになり、協調性も生まれるので、共同制作という新たな表現を通して、保育者や仲間から学び合う楽しさ、みんなといっしょに制作する喜びを味わわせていきたい。共同制作は、砂場・物語・街・ツリー・行事など、さまざま考えられる。

　また、感動を仲間や保育者に伝えることができるようになるので、表現からお話することで、イメージと表現のつながりを確かなものとし、考える力や表現する力を育むことにつなげていきたい。仲間との豊かな生活に基づく、豊かなイメージを形成していきたい。

6 子どもに信頼される保育者になろう

　保育は、人と人の営みである。保育は人の関わりを通して、人格の形成を目指して行われる。保育者の指導力の条件として、専門的な知識や技術も重要だが、最も重要なのは子どもから信頼されることである。いわゆる、人間性である。子どもがいっしょにいて、「安心できる」「信頼できる」保育者でなければならない。

　保育者になった動機はともあれ、子どもと関わることを心の底から楽しいと思って仕事をしているかが問われる。少しでもめんどうくさいと思っていれば、その気持ちは子どもに見透かされる。

　保育者も人間なので、感情もある。忙しいこともあれば、大変なこともある。保育者が考えるとおりにいかないことも多い。これらを含めて、仕事である。優れた保育者に共通するのは、情熱的で、エネルギーにあふれ、子どもとの生活の楽しさが伝わってくる。忙しさを嘆くこともない。子どもが豊かな生活を送るためには、活動前後のさまざまな仕事も当然なのである。

　また、子どもからの信頼は、作っていくものである。保育者の笑顔は不可欠だが、笑顔だけでは信頼が深まらない。保育者に見守られ、寄り添われた子どもが、成就感・達成感・充実感・満足感を積み重ねることを通して、信頼感は深まっていく。

（1）保育者に求められる姿勢はどうあればよいのだろうか

　表3-9は[39]、「保育者に求められる姿勢」を5つに分類したものである。「解放的な雰囲気」の下で、保育者が「子どもの心に寄り添い」ながら「子どもの主体的な活動」を育み、子どもに「成就感・達成感・充実感・満足感・自己肯定感」を体感させなければならない。

　これが保育者に求められる姿勢であり、最も重要なことである。それぞれの観点に対応した内容は、表3-9のとおりである。「基本的なこと」は、その前の4つの観点に共通するものである。また、表の5つは独立したものではなく、

第3章　子どもにとっての「造形活動の意味」を考えよう　*171*

表3-9　保育者に求められる姿勢

No.	観　点	内　　容
1	解放的な雰囲気づくり	①指示・命令・禁止・注意からの解放。 ②失敗の許容（判断の尊重）・正確さの不問・下手や失敗に対する不安や恐怖心の払拭。 ③激励と称賛。
2	子どもの心に寄り添う	①保育者の先入観・固定観念の消去。 ②子どもと保育者の世界観・価値観が異なることの自覚。 ③子どもと保育者が絶対平等者であることの自覚。 ④子どもの話、子どもの生命への傾聴。 ⑤共感的・感動的・肯定的な関わり。 ⑥笑顔による自然な語りかけ。 ⑦保育者の気持ちの伝達と子どもの気持ちの引き出し。 ⑧子どもの長所・可能性の把握。 ⑨子どもの問題を他人事でなく、自分の切実な問題として自覚。 ⑩保育者の都合よりも、子どもの都合を優先。
3	主体的な活動の促進	①自己決定場面（任せる場面、判断が必要な場面）の保証。 ②自由な表現・発展性・試行錯誤・創意工夫の保証。 ③適度な難しさ（発達の最近接領域）の内容。 ④興味・関心が持てる内容。 ⑤個々の表現の受容と理解。 ⑥身体や道具の使用による体性感覚に対すると働きかけの重視。 ⑦結果（作品の完成度）よりも過程の重視。 ⑧過程や結果の明快性。 ⑨表現意欲の喚起、能動的表現の奨励。 ⑩集団の教育力（子どもどうしの関わり）への着目。 ⑪やり直しの保証。 ⑫じゅうぶんな時間の確保。 ⑬過不足のない、タイミングを逃さない支援と評価。 ⑭無理のない言語化、言語以外の支援の重視。 ⑮行動修正主義からの脱却。 ⑯訓練的指導の克服。 ⑰多様に認める場の確保・教室外への広がり（園全体・家庭・社会）。
4	成就感・達成感・充実感・満足感・自己肯定感の体感	①発見・驚き・喜怒哀楽に満ちた充実感のある生活の保証。 ②発見や驚き、できなかったことができる体験の保証。 ③発達の最近接領域（適度な難しさ）の重視。 ④持っている能力の最大限の発揮。 ⑤子どもの存在感（みんなから認められる）を最大限に保証。
5	基本的なこと	①豊かな感受性・表現力・判断力及び共感力。 ②一斉保育の克服。 ③柔軟な指導計画の運用。 ④長期の展望。 ⑤活動のあらゆる要素に対する根拠の確立。 ⑥保育者自身の力量に対する不足感の自覚と、不断の教材研究。

相互に関連している。更に、前述した「5 『豊かな生活』を創り、『豊かな表現』につなげよう」とも密接につながっている。

表3-9の観点と内容は、スローガンにとどまってはならない。実際の活動に合わせて、保育者はその心を具体的に表現していかなければならない。

① 解放的な雰囲気づくり

子どもから見ると、保育者は極めて大きな存在である。その保育者が、子どもから嫌われたり、恐れられたり、怖がられたりすることが絶対にあってはならない。

保育者にその自覚がなくても、受け止めるのは子どもである。保育者が優しく教えたり、注意したつもりでも、子どもが「叱られた」と受け取るかもしれない。子どもが困った行動をしたときに、やみくもに注意してはならない。まず、その行動の原因を考えるべきである。注意する場合も、長々と説教じみた話し方ではなく、簡潔に、子どもが納得するように話さなければならない。注意したあと、その日の帰園時や翌日などにもしっかりフォローしなければならない。保育者と子どもの信頼関係が深まるような注意の仕方が求められる。

子どもにとって、園は基本的に楽しくなければならない。子どもは保育者が考えたとおりには行動しないし、できない。それなのに、保育者が考えたとおりの行動を求めるあまり、指示・命令・禁止・注意が多くなって、子どもを萎縮させてはならない。

保育は、保育者が求める結果に子どもが順調かつ速くたどり着くことではない。うまくいかなくて、当然である。失敗も、許容されなければならない。安心できる保護者に見守られながら、子どもの試行錯誤が保証されなければならない。

「解放的な雰囲気」は、「子どもが安心して活動できる雰囲気」と言ってもよい。緊張を強いられる生活ではなく、解放的な雰囲気の中で子どもがリラックスし、集中して取り組む生活が大切である。

② 子どもの心に寄り添う

大人は、子ども・障がい児者・老人などを、自分よりも能力が劣る存在と捉えがちである。そして、ややもすると、上から目線で「教えてあげる」「助

けてあげる」になりがちである。無論、他者から保護されたり、介護・介助・補助・援助・保育・教育などを受ける権利は保障されなければならない。それは、弱者だからではない。人間として、当然の権利だからである。大人が強者で、子ども・障がい児者・老人が弱者ではない。人間として、絶対的に平等である。人間の能力・発達・個性などはさまざまであるが、序列はない。

　大人が強者の立場に立つと、子どもよりも自分の考えが正しいと思って、無意識に自分の価値観（先入観・固定観念）で判断したり、押しつけがちである。これでは、いくら「子どもの心に寄り添う」ことが大事だと思っても、結果的に子どもの心を無視することになる。他者の心、まして歳が離れている子どもの心を読み取ることは容易ではない。重要なことは、保育者が自分の価値観（先入観・固定観念）を消し去って、目の前の子どもの現実を素直かつありのままに受け入れることである。125 〜 126 頁でも述べた吉増克實による「現実学的認識」[40] であり、鯨岡駿による「発達心理学的還元の態度」[41]「臨床的還元」[42]「脱自的に見る態度」[43]「感受する態度」[44]「第３の態度」[45] である。

　「現実学的認識」とは、保育者が価値観を消し去り、子どもの生命への傾聴・共感・感動によって捉えられる子どものありのままの心である。「発達心理学的還元の態度」「臨床的還元」「脱自的に見る態度」「感受する態度」「第３の態度」に共通するのは、保育者の価値観や主観を排除し、客観的に、素朴に、感受するまま自然に、子どものあるがままの心を捉える態度であり、子どもが保育者に心を開く態度である。

　このように、両氏とも、保育者の価値観や主観を消し去ることによって、子どもの心が開かれ、子どもへの傾聴・共感・感動が生まれるとしている。保育者が価値観や主観を消し去ることによって、保育者の感受性が高まる。また、保育者の価値観や主観を消し去ることは、子どもと保育者の世界観・価値観が異なることを自覚することであるとともに、保育者の都合よりも子どもの都合を優先することであり、子どものことを自分のことように受け止めることでもある。

　「寄り添う」とは、ガラス越しに子どもを見守ることでもなければ、子どもの後追いをすることでもない。子どもが信頼できる保育者といっしょに活動しながら、お互いの気持ちを通わせながら、豊かな生活を共同で創り上げていく

ことである。子どもは保育者に自分の気持ちを聴いてもらえると、話すことが楽しくなる。そして、信頼関係が育まれる。

　更に、保育者から見ると、子どものできなさに目が向きがちだが、大人のようにできなくてあたりまえである。それは、子どもの欠点ではない。「寄り添う」ためには、子どもの長所や可能性を見いだす姿勢が求められる。

③　主体的な活動の促進

　子どもの学びや成就感は、主体的な活動を通して形成される。子どもが保育者に指示されるままの活動では手ごたえを感ずることができない。主体的な活動は具体的な活動（題材）を通して行われるので、主体的な活動が促進される活動内容（題材）であるかが問われる。

　表3-9では、題材に関わる内容として、「身体や道具を使う」「試行錯誤などができる」「過程や結果が分かりやすい」などを挙げてある。試行錯誤を保証するためには、「自己決定の場面（子どもに任せる場面、子どもに判断を求める場面、子どもが自分で考えてやらざるを得ない場面）があること」、つまり、「保育者の支援や子どもどうしの関わりによって、自分で考え、判断し、工夫できる内容が多く含まれること」「やり直しをするためにも、じゅうぶんな時間があること」「子どものさまざまな表現に対応できる内容であること」が求められる。更に、「単純なことや、簡単にできてしまうのではなく、適度に難しい内容であること」「保育者から指示されたことを、指示されたとおりに行う内容ではないこと」「子どもの興味・関心をひく内容であること」が重要となる。

　子どもの表現は、保育者の考えた表現とは違ってあたりまえである。保育者の考えた表現とは違うからといって、そのつど修正されては子どもの主体性は消滅してしまう。子どもの表現を受容し、タイミングを逃さずに、過不足のない支援をしなければならない。その際、保育者の支援は言語による支援に偏重しがちだが、非言語活動である造形活動に言語を絡めすぎてはいけない。無理のない言語化及び言語以外の支援も考えなければならない。

　子どもの主体的な活動の結果である作品や活動中の様子は、教室や郊外に展示したり、クラス便り・園便り・ホームページなどで発信したい。このことに

第 3 章　子どもにとっての「造形活動の意味」を考えよう　*175*

よって、子どもが自信を深めるとともに、主体的な活動を高めていくことにつながる。更に、保護者の子どもに対する理解が深まる。保護者と子どもの会話も弾む。保護者からも褒められることで、主体的な活動がさらに高まる。

④　成就感・達成感・充実感・満足感・自己肯定感を体感させよう

全ての生活は、子どもが「成就感・達成感・充実感・満足感・自己肯定感」を体感することに集約されなければならない。表3-9の「解放的な雰囲気づくり」「子どもの心に寄り添う」「主体的な活動の促進」「基本的なこと」は、「成就感・達成感・充実感・満足感・自己肯定感」のために必要なことである。後述する「8　保育者と子どもが共同で学びを創ろう（1）子どもが『成就感』を得られる活動を考えよう」（186-188頁）」とも関連する。

保育者は、「成就感・達成感・充実感・満足感・自己肯定感」を体感する生活を創りだしていく責任がある。保育者は、本書で繰り返し触れている「発達の最近接領域」の活動を用意しなければならない。そして、子どもがありったけの力を発揮しながら、保育者や仲間と関わりながら、主体的にクリアすることで「成就感・達成感・充実感・満足感・自己肯定感」が体感できる。「成就感・達成感・充実感・満足感・自己肯定感」の体感と、子どもの保育者に対する信頼は比例する。

発見や驚きがあり、できなかったことができるようになる生活を、保育者が最大限に創りだしていかなければならない。

⑤　基本的なこと

ここに挙げた6項目は、保育者の姿勢のベースとなるものである。いずれも、力量を高めるための具体的なアクションが伴わないと、頭での理解にとどまることになる。

「豊かな感受性・表現力・判断力及び共感力」「活動のあらゆる要素に対する根拠の確立」「保育者自身の力量に対する不足感の自覚と、不断の教材研究」は、保育者が独りで考えても限界があるので、内部（園内の研究会など）や外部（研究会、先行研究）から積極的に学ばなければならない。現場は忙しいので、忙しさにかまけていると何もできない。優れた実践者は、記録をしっかりとり、実践をまとめて発表している。研究会によく出かけている。よく図書を

読んでいる。研究者や実践者とよく交流している。時間と旅費・宿泊費を工面している。自分を磨くためには、必然なのである。この過程で、自分の実践の長所と課題が明らかになり、保育の改善につながるのである。

「一斉保育の克服」と「柔軟な指導計画の運用」は、関連している。担当している子どもに合致する活動内容を考えることは、当然である。しかし、子どもは発達や個性など、実にさまざまである。また、同じ題材でも決して同じ展開にはならない。実際の活動では、子ども一人ひとりに合わせて柔軟に対応しなければならない。また、その活動の後に別の活動を用意してあっても、子どもが集中して取り組んでいたら延長すべきだし、いくら工夫しても子どもが生き生きと活動しなかったら、早めに切り上げて、次の活動に移行すべきである。

「長期の展望」は、保育者が経験を積むことによって、現在の活動がどのように発展していくかが分かるようになる。また、分かるようにならなければならない。保育者の性として、1コマでの完結を求めがちであるが、活動は1コマで完結しなければならないわけではない。「図3-8　4年間（事例1）と6年間（事例2）の変容例」（123-124頁）で紹介したように、同じ「土粘土」でも長いスパーンで見ると、想像以上に大きく変化する。子どもを急かす必要はない。そのときどきに、子どもが納得できるまでじっくり取り組ませたい。

(2) 保育者が子どもから学ぶ意味を考えよう

保育者は、「子どもから学ぶ」と公言することがある。「学ぶ」といっても、微細なことから本質的なことまで幅があるとしても、どんなときに何を学ぶのだろうか。

「挨拶が元気である」「何事も一生懸命に取り組む」「仲間に優しい」「めんどうみがよい」などは大事なことだし、見習うべきことではあるが、「子どもから学ぶ」にはインパクトが弱い。

保育者が「子どもから学ぶ」ことは、保育者の想像を越える行動が子どもにあったときではなかろうか。例えば、保育者が想定した活動を越える、豊かな活動が展開されたときである。造形活動でいえば、保育者の予想を越える表現が生まれる場合である。予想外の材料や道具の使い方であったり、予想外の色

や形であったり、予想外の発想や広がりであったりする場合である。これらは保育者が想定できなかったことなので、そのような表現ができることを教えられるのである。

　次に、中山ももこの実践 [46] を紹介する。中山ももこが、リレーで一生懸命に走ったのに追い抜かれた子どもが、悔しがるどころか追い抜かれてもがんばって走れる理由を聴いたら、「先生、走るのって楽しいがで。リレーは追い抜かれても最後まで走ったら、チームの誰かが追い抜いてくれるかもしれんろう？　だからあきらめたらいかん」と、笑って答えている。保育者は、「子どものこの気持ちに気づいていない」こと、「仲間を頼り、頼られ信頼する気持ちが育っている」ことを教えられたのである。保育者が考えている以上に、子どもは成長していたのである。

　子どもは潜在的に、保育者の想像をはるかに越える能力を持っている。子どもは、ベテランの保育者でも予想できない力をしばしば見せる。

　保育者は、子どもから真に学ぶ活動を展開しなければならない。予想の範囲に収まる活動なら、子どもは大した活動をしていないといっても言い過ぎではない。優れた保育とは、保育者の想像を越える活動が展開された場合である。保育者の想像を越える活動を、目指さなければならない。保育者の想像を越える活動が展開されるときは、子どもも保育者も成就感を感じるとともに、保育者に対する子どもの信頼が深まり、保育者が子どもから学ぶのである。そして、この学びによって、保育者もステップアップできるのである。

（3）子どもと大人は、世界観・価値観が異なる

　人間として感ずる感情は、保育者も子どもも共通している。快不快などの、喜怒哀楽の感情は同じである。しかし、保育者と子どもは、発達レベルも経験も育ちも違うので、理解の仕方、考え方、感じ方の質はおのずと違ってくる。

　しかし、保育者の性として、子どもに対して「教える」意識が強く働きがちである。「教える」ことは必要である。しかし、保育者が一方的に教えてはならないし、保育者の独りよがりになってもいけない。保育者の「教えたいこと」が、子どもの生命の中で確実に育まれなければならない。

例えるなら、保育者が「教えたいこと」の種を蒔いて、管理して、見栄えのする同じ規格に育てるのではない。保育者が「教えたいこと」の種を蒔いて、子どもが育つために必要な栄養を与えるのである。そして、子どもが保育者に見守られ、支援されながら、栄養を探し、いろいろな姿に自らたくましく育っていくのである。まさに、一人ひとりの子どもの生命が輝くのである。

いかなる保育者も、子どもに気持ちを無視して、自分の考えを押しつけたり、保育者の価値観を優先しようとは思っていない。保育者が意識するかしないかにかかわらず、大人の価値観で対応しがちである。保育者の考え方で判断して、子どもに押しつけたりすると、子どもは従うかもしれない。しかし、それでは子どもが手ごたえを感じることはできない。保育者に対する信頼も生まれない。

保育の前提として、「子どもと大人は、世界観・価値観が異なる」ことが不可欠である。保育者による一歩的な「禁止・命令・指示」などによって、子どもの気持ちを無視して、子どもの行動を修正するのではなく、子どもの気持ちを受け止めながら、子どもに考えさせ、子どもが主体的に判断して行動するようにさせなければならない。「子どもと大人は、世界観・価値観が異なる」との前提に立たなければ、子どもの心は決して見えてこない。

子どもの主体的な活動を奪ったり制限する「保育者の世界観・価値観」ではなく、子どもの主体的な活動を促進する「保育者の世界観・価値観」でなければならない。

保育者の「世界観・価値観」は、両刃の剣であることを自覚しなければならない。

7 「成就感」の意味を考えよう

(1)「成就感」は、伝えずにはいられない体験から生まれる

楽しい活動は必要だが、楽しいだけでは「成就感」が生まれない。「成就感」は「達成感」であり、「充実感・満足感」「自己肯定感」でもある。簡単には解

第3章　子どもにとっての「造形活動の意味」を考えよう　*179*

決できない「発達の最近接領域」に取り組んで、試行錯誤しながら、ようやくクリアしたときに「成就感・達成感」が生まれる。また、自分でも驚くような大発見があったときも、「充実感・満足感」が生まれる。

　以上から、「成就感」はできないことができるようになったり、大発見があったりしたときに生まれる。このようなときは、うれしくて、誰かに伝えずにはいられない。

　この瞬間こそ、保育者や仲間との共感が意味を持つ。簡単にできたときや、大した発見でもないときは、共感しても空回りする。そのときの子どもの気持ちに、ピタッと合わなければならない。子どもの心に寄り添うことは、子どもの喜怒哀楽を洞察して、タイミングを逃さずに共有することである。大してがんばらなくてもできたのに、保育者から「がんばったね、すごいね！」と言われても、子どもにはピーンとくるはずがない。子ども自身が「成就感・達成感」を感じていないのに、子どもの気持ちを理解せずに、保育者が褒めても子どもの心には響かない。

　「成就感・達成感・充実感・満足感」は、子どもの「自己肯定感」や自信を育み、何よりも行動に対する意欲を育む。保育では、知識や技術の習得も必要だが、何よりも「成就感・達成感・充実感・満足感」「自己肯定感」を実感できる体験の積み重ねこそ重要である。

　以下、成し遂げたり、大発見したとき、思わず声を発した3つの事例を紹介する。

　① 「やった！」

　これは、特別支援学校の事例 [47] であるが、幼稚園や保育園にも共通する。

　表3-10は、調理でカレーをつくったときに使った大きなボールを収納場所にしまう課題の、担任（T）と子ども（A児）のやり取りである。ここには、子どもになんとか自力で成し遂げさせるために、温かく見守りながら、ヒントを少しずつ出して見守りながら、励ましている教師の姿がある。

　そして、ついに子どもが成し遂げるのである。成し遂げたことに子ども自身が驚いて、思わず「やった！」と口ずさんだのである。まさに、子どもが「成就感・達成感」を実感した瞬間である。

180

表3-10　子どもが試行錯誤しながらついに成し遂げた例

Ａ児：（ボールを持って、あちこちの扉を開けて回る）なーい。しまうとこ、ない（泣き声）。
Ｔ　：〔②発問〕そうかな、もう１回よく見てごらん。
Ａ児：（２～３の扉を開けるが見つからない）なーい（泣き声、泣きそうな顔）。
Ｔ　：〔⑤説明〕よーく見るんだよ。まだ見てないとこ、あるんじゃない？
Ａ児：（目的の扉を開ける）あった！（下の段に入れようとする）（中にひと回り小さいボールがあるために入らない）はいらなーい（泣き声）。
Ｔ　：〔②促進〕そうかな。諦めないでやってみたら。
Ａ児：（突っ込むだけなので入らない）はいらなーい。（今度は上の段に入れようとするが、ボール自体が大きくて入らない）はいらなーい。（同じことをする）
Ｔ　：〔⑤説明〕そこじゃなくて、下の方に入るんだよ。
Ａ児：（下の段に入れようとする）
Ｔ　：〔①静観〕（待つ）
Ａ児：うーん、うーん（なんとか入れようとする。間もなく入っていた中のボールを出す。大ボールを先に入れ、次に出した中ボールを入れようとするが入らない。やがて、２個とも出す。そして、ひょいと大ボールに中ボールを重ねて入れる）やった！（自分でもびっくりしたような表情）
Ｔ　：〔④称賛〕やったね。できたでしょ！
Ａ児：うん！

　教師の指示や命令によって、結果を急かされる姿はみじんもない。難しい課題なので、教師の支援を受けながら、子どもが主体となって試行錯誤し、成し遂げたのである。このような体験を、確実に積み重ねていかなければならない。

②　「めっちゃうれしい」

　これは、5歳児クラスの保育園での実践[48]である。

　概要を紹介すると、小学校の2年生のマスト登りから刺激を受けて、クラスの子どもたちがマスト登りの練習をした結果、高所恐怖症の子ども一人だけが登れなかった。そこで、仲間や先生の励ましで、登れるようになる。そして、ようやく上まで登れたその子どもが降りてきてから、「本当に登れた。うれし

い、登れんかとおもいよったき、めっちゃうれしい」と何度も話す。

　この言葉に、登れた「成就感・達成感」があふれている。無論、保育者も子どもに抱きついて、泣いて喜び合っている。仲間も「よかったね、よかったね」と、大喜びしている。

　高所恐怖症なので、最初はさぞかし怖かったと思う。仲間は練習して登れるようになるが、登れないのは自分一人と聞いて泣き出す。しかし、そこは集団の力である。仲間が練習して、登れるようになるのを目の当たりにしている。努力の手本がある。また、仲間の励まし「だいじょうぶで、絶対登れるき、力をあげるき」がある。更に、子どもの気持ちを受け止めた保育者の心強い励ましがある。

　このように、難しいことは一人ではできないが、仲間や保育者の応援などがあって、成し遂げるのである。これは、保育が集団で行われている長所であり、集団の教育力である。個と集団の成長は密接に関連している。保育者には、個と集団を絡めていくための、「集団づくり」が問われる。

　③　「せんせ〜い、見て！　見て！」「わぁ〜！」

　これも、特別支援学校での土粘土の事例[49]であるが、幼稚園や保育園も同じである。

　みんなで土粘土をいじっているとき、筆者の背後から、「せんせ〜い、見て！見て！」と興奮した声がしたので、「はーい、行くからね」と伝えてから直ちに行く。そして、「どれどれ」と作品を見ながら、「す・ご・い・ね！」と話しかけて感動を分かち合う。

　先端がギザギザした粘土ベラで、円筒形の土粘土の外周をひっかいたときについた痕跡が、ケーキの生クリームに見えたのである。得意満面に「すごいでしょう！」と言いながら、筆者の眼前で、外周の全部を一気にひっかく。次に、たたいて少しつぶれた円筒形の土粘土の上部を取り除くために、糸で切る。糸で切った後に、切った箇所を持ち上げながら切り口を開く。土粘土を糸で切る経験がないので、糸でスパッと切れていることがとても不思議だったようである。「わぁ〜！」と、驚きの声を発する。更に、糸で切って平らになった上部に丸めた土粘土をたくさん載せて、「ケーキ」が完成する。本人の顔は、

「充実感・満足感」でいっぱいだった。

　土粘土を粘土ベラや切り糸で操作しているうちに、その変化に驚き、その痕跡から「ケーキ」のイメージが生まれたのである。最初から「ケーキ」を作ろうと思って作ったのでもなく、筆者が「ケーキ」を作るように指示したのでもない。土粘土素材に対して、主体的に、さまざまに働きかけた体験から生まれたのである。

　ただし、土粘土を与えるだけではこのような体験は生まれない。土粘土の軟らかさ、机の高さや広さ、道具の種類と提示のタイミング、解放的な雰囲気づくり、などの配慮が必要なのは言うまでもない。

(2) 「自由制作」一辺倒では、成就感が育たない

　ここでの「自由制作」とは、「保育者がいろいろな道具や材料を用意して環境設定するが、どんな活動をするかは子どもにいっさいを委ねる活動」「保育者は何かあったときは対応するが、指示や支援などはいっさいしない活動」「題材を決めて、みんなで同じ活動をしない活動」と定義する。ただし、「土粘土」などの活動で、作るテーマを決めずに自由に作る活動は広い意味では「自由制作」だが、狭義の意味では「自由制作」には含まれない。むしろ、「課題制作」の側面が強い。なぜなら、テーマは自由だが、子どもが試行錯誤しながら興味を持って取り組むために、土粘土の軟らかさを調整したり、興味を持ちそうな道具を準備したり、必要に応じて技術的なアドバイスをしたり、さまざまな支援を保育者が行うからである。子どもが自由に行うのではなく、保育者が活動を組織しているからである。

　「子どもは自由に活動すべきである」との理由から、「自由制作」を重視している例も散見される。どこの園でも、登園後や昼休みなどに、子どもは自由に遊んでいる。子どもが興味を持って楽しく遊べるように、環境設定を随時工夫していかなければならない。子どもが自由に遊ぶことは、とても重要である。同様に、好きなときに、好きなように制作することも必要である。「自由制作」を否定してはいけない。

　しかし、「自由制作」に意義があるからと言って、「自由制作」一辺倒では困

第3章　子どもにとっての「造形活動の意味」を考えよう　*183*

る。なぜなら、文化が継承されなくなるからである。文化の継承となると、大げさに聞こえるかもしれないが、前述（118-119頁）したとおり、文化は「人間が創りだして積み重ねてきた行動・生活・思考様式の総体」である。文化は、子どもが一人で身に付けられるものではなく、保育者が組織して教えながら、子どもが学んでいくものである。

　保育者は、発達段階に応じて、人格形成のためにどのような活動が必要か、どのような活動が有効かを、先人の研究や実践などから学んで知っている。また、知らなければならない。

　造形活動で、保育者が組織して展開するものを「課題制作」とするなら、「自由制作」一辺倒ではなく、「自由制作」も保証しながらも、「課題制作」をメインとしなげればならない。そして、「課題制作」の中に、子どもが自分のイメージや考えを自由に発揮できる場面を最大限に確保しなければならない。

　成就感は、少し難しい課題「発達の最近接領域」に取り組んで、試行錯誤しながらクリアしたときなどに得られる。「自由制作」では、子ども自身で「発達の最近接領域」を設定することができない。

　自由遊びでは、仲間から学んだりして、今までできなかったことができるようになることもあるかもしれない。しかし、それは極めてまれなことである。自由遊びや「自由制作」は、基本的に自分の能力の範囲内で行われることが多いので、「発達の最近接領域」が設定されにくい。よって、自由遊びでは楽しく遊ぶことができたり、「自由制作」では楽しく作品を作ることはできても、真の成就感を得ることは難しい。

　「課題制作」でも、同じ材料で、同じ時間内で、保育者から示された手順どおりでは、同じような作品ができても子どもの学びは醸成されない。

　コイのぼりの季節を迎えるとき、大きなコイのぼりの絵の共同制作を見て閉口したことがある。子どもは大人の指示に従って、あらかじめ用意されたウロコの形の紙に色を塗らされ、それを大人が用意した大きなコイを描いた紙の指定された場所（線の目印が付けられていた）に貼るだけだった。大人が考えたとおりの、大きなコイのぼりが完成した。ここには、子どものコイのぼりに対する思いも引き出されなければ、主体的な活動もなかった。子どもが考えた

り、試行錯誤したり、工夫したりする場面がいっさいなかった。制作に限定しても、大きな紙のコイの絵も子どもに描かせるべきだし、ウロコも子どもたちに相談させて貼らせるべきである。

このような、保育者の意向を強く反映した「作品づくり」が目的の「課題制作」は論外である。制作活動を通して、子どもが学び、成就感を得られる保育構想が確実に盛り込まれている「課題制作」でなければならない。

このように、同じ「課題制作」であっても、成就感が育まれる「課題制作」と、成就感が育まれない「課題制作」があることに留意したい。どちらの「課題制作」になるかは、保育者しだいであることを自覚しなければならない。

(3)「発達の最近接領域」が重要である

ロシアの心理学者ヴィゴツキー（1896-1934）が提唱した概念「発達の最近接領域」は前述したが（149頁）、さらに整理してみたい。[50]

① 「発達の最近接領域」とはいかなる領域か

ヴィゴツキーによる「発達の最近接の領域」とは、子どもが独りで自主的にできる水準と、独りで自主的にはできないが仲間や保育者が関われば到達できる水準の間の領域とされる。簡単すぎたり、逆に仲間や保育者が関わっても到達できない領域ではない。簡単に言えば、現在の能力で簡単にできることやできないことではなく、できかかっている領域である。子どもは、「発達の最近接領域」を通して、仲間や保育者が関わりながら、未知の新しいことを学ぶことができる。

「発達の最近接領域」は、現在の能力から遊離していると誤解している人もいるが、現在の能力から遊離しているのではなく、逆に、現在の能力を最大限に発揮して到達できる領域である。現在の能力がじゅうぶんに発揮されない活動のみ展開されるなら、子どもにとっては悲劇である。

仲間や保育者と共同でならできる「発達の最近接領域」が、次には仲間や保育者が関わらなくても独力でできるようになる。その結果、「発達の最近接領域」が、年輪のように外側に伸びていく。

第3章　子どもにとっての「造形活動の意味」を考えよう　*185*

②　共同（仲間や保育者）で活動する意義

「…共同のなか、指導のもとでは、助けがあれば子どもはつねに自分一人で
するときよりも多くの問題を、困難な問題を解くことができる…」「…子ども
は共同のなかではつねに自分一人でやるよりも多くのことができる…」「…子
どもは共同のなかでは、子どもは自分一人でする作業のときよりも強力にな
り、有能になる」「自分が解く知的難問の水準を高く引き上げる」と、ヴィゴ
ツキーは仲間や保育者と共同で取り組むことの意義を述べている。まさに、集
団の教育力である。

　ただし、集団に身を置くだけでは発達が望めない。活動内容が「発達の最近
接領域」であること、子どもの気持ちを洞察かつ尊重しながら、的確な指導・
手助け・応援・後押しなどが不可欠となる。

③　技術の向上や知識の増加は、本質的には発達と無関係である

　子どもの発達は指導（文献では「教授」）と直結するのではなく、極めて複
雑な相互関係であるとしている。このことは、保育者による日々の指導内容や
支援がストレートに子どもの全面発達につながるわけではないことを意味して
いる。そして、発達に対して本質的な影響をなんら与えない技術の習得を目的
とした指導と区別している。自転車に乗れるようになるとか、道具の使い方が
うまくなるのを、発達したと勘違いしてはならないのである。つまり、保育者
が教えた結果、子どもができたり上手になったりすることなどは、技術が向上
したり、知識が増えることであって、発達したとは必ずしも言えないのである。

　ヴィゴツキーは、「発達の最近接領域にある一連の機能をよび起こし、活動
させる」ことを「発達における教授の主要な役割」としている。

④　模倣が重要である

　ヴィゴツキーによると、模倣には、模倣することによってできないことがで
きるようになる可能性がなければならないとしている。このことは、なんでも
模倣するのではなく、自分ができそうだと判断したものを模倣することが大事
である。自分が全く理解できないことやできそうもないことは、模倣のしよう
がない。幼児が本物の車を運転できないように、いくら興味があってもできな
いものはできない。

そして、「学習心理学全体にとっての中心的なモメント」として、「共同の
なかで知的能力の高度の水準に高まる可能性」と「…子どもができることから
できないことへ模倣を通じて移行する可能性…」を挙げ、この2つを「発達に
とっての教授－学習のすべての意義はここに基礎をおく」としている。

このように、「発達の最近接領域」では、「共同」と併せて「模倣」を重視し
ている。「…学校における教授は、ほとんどが模倣に基づく」「教授は、模倣が
可能なところでのみ可能である」と、模倣の重要性を指摘している。

子どもに限らず、自分ができないことができる仲間や大人がいると、まねし
てやってみたくなるものである。保育者は、発達における「模倣の力」を再認
識しなければならない。

8　保育者と子どもが共同で学びを創ろう

(1) 子どもが「成就感」を得られる活動を考えよう

子どもが、絵本などの文化・野原一面のきれいな花などの植物・美しい模様
のチョウなどの動物などに感動することはとても大事である。そのような機会
は、多くなければならない。しかし、「感動」と「成就感」がつながることも
あるが、基本的には別である。

いとも簡単にできること、いくらがんばっても絶対に不可能なことからは
「成就感」が生まれない。仲間や保育者が関わることによって、なんとかクリ
アできる「発達の最近接領域」に、試行錯誤しながら取り組んでクリアできた
ときに「成就感」が得られる。また、自由に粘土で何かを作る場合、家で独り
で取り組むよりも、みんなといっしょに活動することによって意欲が高まった
り、お互いに影響を受けたりして、自分が予想もしなかった表現が生まれるこ
とがある。自分が驚くような表現は、子どもにとって大発見である。このよう
なときも、「成就感」を実感する。

「成就感」とは、自己肯定感であり、手ごたえであり、自分の再発見である。
子どもが、一方的に「成就感」を得るのではない。子どもが「真の成就感」を

第3章　子どもにとっての「造形活動の意味」を考えよう　*187*

得るときは、実は保育者も「成就感」を得ている。保育者も、試行錯誤しながら子どもに関わることを通して、発見があり、学ぶのである。

　キャンプを例に考えてみたい。全てを子どもに委ねればよいのではない。簡単にできることもたくさん想定されるが、発達年齢などの子どもの実態に照らして、「発達の最近接領域」を想定しなければならない。木で火を燃やすとき、経験のない子どもにどのように対応したらよいだろうか。事前にコツを保育者が教えたり、絵図で示したりしたとしても、未経験の子どもは、どうしたらうまく燃えて、どうしたら消えるかは実感できない。いきなり、うまくいくはずがない。火を点けることができても、消えてしまうかもしれない。

　そのとき、保育者が必要以上に手を出したり、口うるさく指示すると順調に燃えるかもしれない。火を燃やすことが目標なら、それでかまわない。火は燃えても、子どもは考えることもなければ、学ぶこともない。子どもの主体的な活動がなければ、試行錯誤も、発見も、手ごたえもない。

　火が点かなかったり、点いても途中で消えた場合は、仲間と相談したり、うまくいっている仲間に教えてもらったり、保育者に聞いたりして考え、挑戦する。その結果を見て、また考える。失敗から学び、考えて、うまくいくようになる。苦労しただけに、うまくいっときの「成就感」は大きい。いくら時間がかかっても、かまわない。ある意味、困る状況は必要である。

　カレーを作る場合の、調理も同様である。ジャガイモやニンジンやタマネギを切っても、保育者が考えるように、きれいには切れない。包丁で野菜を切る経験も乏しいので、保育者のようには切れない。慣れない包丁を使いながらも、集中して、必死になって切ることに価値がある。仲間や保育者に教えてもらったり、まねしたりして、徐々にうまく切れるようになる。それを、子どもに包丁を使わせるのは危ないとの理由で、子どもに野菜を切ることをさせなければ、カレーは速く出来る。それでは、子どもが学ぶ機会、「成就感」を得る機会を奪うことになる。

　保育者がやれば速く安全に出来るかもしれないが、「成就感」を得るには試行錯誤が不可欠である。子どもも保育者も試行錯誤の過程で、気づき、学ぶのである。人間は何事も、いろいろやってみなければうまくいかない。

(2) 子どもの発見・発想・提案・意見・アイディアを生かそう

　活動内容は、あらかじめ保育者が考える場合が多い。また、そのときの子ども
の発想を採り入れる場合もある。事前に保育者が考えた活動内容でも、保育
者が考えたとおりに展開すべきでない。活動の途中で、保育者が想定しない子
どもの発想が出ることも少なくない。この場合は、できるだけ子どもの発想を
採り入れる必要がある。また、突然、子どもの豊かな発想が出る場合がある。
この場合は、保育者が準備した活動内容は後日にして、子どもの発想を生かし
た展開をすべきである。保育者の計画どおりに進めることが、重要なのではな
い。子どもがわくわくしながら豊かな生活を送るために、保育者は感受性を磨
き、柔軟に対応しなければならない。

　以下、少し長くなるが、幼稚園の３歳児クラス（「保育実践　小さな生き物
との出逢いから」[51]）と５歳児クラス（「アリとの出会いから～遊び・表現へ
～」[52]）の、２つの実践を紹介する。実際は、それぞれ10枚前後の写真（活動
中及び作品）が添えられているが、ここでは割愛する。なお、文中のアンダー
ライン及び（注）は筆者による。

　２つの実践から、子どもの発見・発想・提案・アイディアを取り込むことが
いかに重要であるかを考えたい。

「保育実践　小さな生き物との出逢いから」
　　　　　　　　　　神奈川県横浜市　あゆみ幼稚園　教諭　乾　杏里沙
　３歳児、男児７名女児７名、小さなクラスでの幼稚園生活がスタートしまし
た。大好きなお母さんから離れて、初めての第一歩。嵐のような毎日が過ぎ、
少し落ち着いてきた頃に、一人の男児がカタツムリを片手に持ち、ニコニコし
ながら登園してきました。虫かごに入れると、クラスのお友達が集まってきて
「なにがいるの？」とみんな興味を持って見ていました。帰る前、カタツムリ
を持ってきた子が「幼稚園に置いていく」と言うので、いつも出席シールを貼
る机の上に置いておくことにしました。
　２日後、机の上にいたカタツムリを見ていた他の学年の子が、「あげる」と２
匹のカタツムリを持ってきました。気がついたら５匹になったので、飼ってみ
ることにしました。

― カタツムリとの触れ合い ―

　飼い始めの子どもたちの様子は、「触れない」「気持ち悪い」と言ったり、近づくのもいやで遠くから見ている子どももいたので、私が世話をすることにしました。掃除をしていると、たくさん子どもたちが集まってきて「何やってるの？」と聞いたり、掃除しているところをじーっと見たり、手伝ってくれる子どももいました。

― カタツムリとお面 ―

　ピアノの音に合わせて動物などに変身する表現遊びが好きな子どもたち。毎日のようにやっていたある日、「カタツムリに変身しようよ」という声が上がる（注1）ようになりました。カタツムリの存在を意識し始めていることを感じたので、もっとカタツムリに近付けるといいなと思い、カタツムリのお面をつくることにしました（注2）。一人一人が自分のカタツムリに色をぬり、すてきな洋服を着たカタツムリのお面をかぶった子どもたちは、とても嬉しそうでかわいい表情を見せてくれました。いつもの表現遊びも、お面をかぶるといつもより本物に近い動きをしたり、想像したカタツムリの鳴き声まで聞こえてきました。

　つくった次の日から、登園するとすぐにお面をかぶり、お面をかぶらないで外に出た子は、「カタツムリさん忘れてきちゃった」と言って取りに戻る姿も見られるようになりました。その日から、カタツムリといつでも一緒の生活が始まり、いつの間にかカタツムリを触れない子は一人もいなくなりました。

― 気持ちの変化 ―

　いつも通りカタツムリの世話をしていると、一人の女の子が「お当番さんがお世話をすればいいんじゃない？」と言い（注3）、近くにいたお友達が「私もそう思った」と言いました（注4）。クラスのみんなが集まった時に相談してみると、全員賛成してくれた（注5）ので、その日からお当番さんが幼稚園で飼育している動物と、カタツムリの世話もしてくれることになりました。お当番さんは、さっそく次の日からカタツムリのご飯も持参し、お部屋の掃除を始めると、いつも私が掃除している手順で。一生懸命きれいにしている姿を見ることができました。私が大切に世話をしている気持ちが少しでも伝わっていたのかな、言葉でなくてもつたわることってあるんだな、と嬉しい気持ちになりました。

― かわいそうね ―

　いつも通りカタツムリの部屋の掃除をしようとすると、お当番さんが「なんか臭い」（注6）。中を覗くと、ウジ虫がわいていました。子どもも私も初めて見るウジ虫に驚きながら掃除をしてると、ウジ虫に食べられてドロドロになったカタツムリが出てきました。部屋に戻り、カタツムリがウジ虫に食べられて

しまったことを、みんなに伝えました。死んでしまったカタツムリを見た子どもは、眉間にシワを寄せて「かわいそうね」と言いながら、甲羅をなでなでしていました。

「このカタツムリ、どうする？」とみんなに聞く（注7）と、「カタツムリさんが一人で寂しくないように、カマキリの隣に埋めてあげようよ」「天国に連れていってあげようよ」という意見がでました。以前、カマキリが死んでしまった時、土に埋めて天国に連れていったことを思い出したようです。カタツムリはカマキリのお墓の隣に、みんなで埋めてあげました。

夏休み中は、カタツムリをどうするか子どもと保護者に相談し、一人の女の子が預かってくれることになりました。預かってくれた女の子は、カタツムリと遊んでくれたり、お散歩にも連れていってくれたようで、夏休み明けは、カタツムリも子どもとたちと共に一周り大きくなったように感じました。

— カタツムリの卵 —

朝一番に登園してきた子が、カタツムリと遊んでいると、「なんか丸いツブツブがあるよ」と言う（注8）ので、見ると卵が生まれていました。卵を別の部屋に移し、見守ることにしました。図鑑を見ると、2週間ほどで生まれるとあったのですが、4週間たっても生まれませんでした。きれいな透明だった色も白くなり、パリパリしてきて、子どもたちも「今日も生まれないよね」「もう生まれてこないのかな」と言うようになってきたので、子どもたちと相談し（注9）、あと1日待ってみて、明日も生まれてこなかったら天国に連れていってあげることにしました。

次の日、「生まれてこなかったね」と土に埋めようとすると、一人の女の子が「小さなグルグルがあるよ」と教えてくれました（注10）。子どもたちは「大事件だよ」と大騒ぎし、みんなで「ヤッター」とジャンプしながら大喜び。その日が誕生日の子が「ぼくと同じ誕生日だ」と喜ぶ姿も見られました。カタツムリの赤ちゃんをジーッと見ていると「名前をつけてあげようよ」という意見（注11）が出で、すてきな名前がたくさんつきました。

次の日、カタツムリの赤ちゃんの絵を、絵の具でかきました（注12）。今までに見たことのないような真剣な表情で取り組む姿が見られ、その絵の変化に驚きました。みんなで大切に育ててきた思いの詰まった絵となりました。

— 冬眠 —

冬休みが直前に迫り、みんなで冬眠の準備をすることにしました。最後の晩餐をし、土を入れて、葉っぱのベットを敷きました。ベットにする葉っぱを探している時は「きれいな葉っぱのほうがが、カタツムリさん喜ぶよ」と言いながら、きれいな葉を探していました。

最初の頃はみんなが1つのことに向かって何かをするということはなく、ど

こかに行ってしまったり、目的とは違うことをすることが当たり前だった子ども
たちが、みんなで冬眠をする準備をする姿を見て、成長を感じることができ、
嬉しい気持ちでいっぱいになりました。冬休みは、夏休みに預かってくれた子
の保護者が「預かります」と言ってくれたので、お願いすることになりました。
　以前、子どもたちとの会話の中で「サンタさんにプレゼントは何をもらう
の？」と問いかけた時、みんな色々なプレゼントを言う中で、「カタツムリの
図鑑をもらうの」という子がいました。冬休み明けに、キャーと叫びながら満
面の笑みで、サンタさんからもらったカタツムリの図鑑を見せてくれたその子
の表情が、今でも頭の中に残っています。
　また、図鑑を持ってきてくれた子が、朝当（ママ）園した時、「寒いね。カ
タツムリさんも寒くないかな」という一言を聞き（注13）、以前からみんなが
遊んでいた段ボールで遊びで「カタツムリさんが寒くないように、暖かい家を
つくってあげない？」と提案（注14）してみると、子どもたちは「いいね」「つ
くってあげよう」と目をキラキラさせていました。その日から、「おうちをつ
くるぞ！」と張り切っていますが、つくったら壊す人が現れ、つくっては壊し
て、つくっては壊しての繰り返しです。それでも、遊びの中に今でもカタツム
リが出てくることは、それだけカタツムリの存在が大きくなっているんだなと
嬉しく思います。
　この一年間で、カタツムリとで出逢い、カタツムリの死、赤ちゃんの誕生、
冬眠まで、たくさんの初めての経験をしました。子どもたちにとっても保育者
にとっても、初めての経験ばかりで、私自身も子どもたちと共に驚いたり、悲
しんだり、喜んだり……。気持ちを一緒に分かち合うことができた、この子た
ちが大好きです。これからも、たくさんのことを経験しながら色々なことに興
味をもち、成長してくれたらと願うばかりです。

　この実践では、カタツムリをテーマとした4種類の造形活動、「お面づくり」
「赤ちゃんのお絵描き（絵の具）」「お家づくり（段ボール）」「粘土によるカタ
ツムリづくり」に取り組んでいる。
　子どもが持ってきたカタツムリを保育者が世話したことをきっかけに、子ど
もたちがカタツムリへの興味を深めていったことが分かる。子どもたち自身に
よる世話を通して、カタツムリが身近な存在、みんなの友達になっていくので
ある。子どもたちのカタツムリに対する興味が、ツブツブやグルグルの大発見
につながっている。興味のなかった子どもたちが興味を深めていくための保育
者の関わり、豊かな生活づくりは大いに学ばなければならない。

①子どもたちの提案・意見を採り入れて、造形活動を展開している。

・カタツムリへの変身の提案（注1）を採り入れて、お面づくりをしている（注2）。

・小さなグルグル（注10）の発見や名前をつけてあげようよという意見（注11）に対して、カタツムリの赤ちゃんの絵を描いている（注12）。

・寒くないかなという意見（注13）に対して、段ボールによる暖かい家づくりを提案している（注14）。

②子どもたちの提案・意見を受けて、相談している。

・当番によるお世話の提案（注3・注4）を受けて、子どもたちとの相談している（注5）。

・臭いにおいの発見（注6）を受けて、子どもたちとの相談している（注7）。

・丸いツブツブの発見（注8）を受けて、子どもたちと相談している（注9）。

　この実践では、子どもの心をくみ取って、タイミングよく「お面づくり」「赤ちゃんのお絵描き（絵の具）」「お家づくり（段ボール）」などを提案して、表現につなげている。

　ここには、保育者の考えを押しつけている姿はない。子どもの提案や発見を積極的に採り入れ、子どもと対話しながら、子どもと共同で活動を創り上げていく保育者の姿、子どもたちと保育者の成長していく姿がある。

「保育実践　アリとの出会いから〜遊び・表現へ〜」
　　　　　　　東京都府中市　あおい第一幼稚園　5歳児担任　甫立　佳代
自然の中で育む、生きる力
　あおい第一幼稚園は、東京都府中市の北、国の大きな施設や駅、工場の一角にあります。その為子どもたちが自然を感じながら生活するには工夫が必要な地域です。以前にはあった、生き物が生息する空き地等はどんどん消えていきました。そこで、幼稚園には生き物が集まるための、様々な環境が用意されています。園庭には、四季を感じられるように、草花が育つ花壇や畑、沢山の果樹や花木が植えられていて、鳥や虫たちが集まってきます。遊び場の真ん中には大きな欅の樹もあり、欅は夏には小陰をつくってくれ、晩秋には沢山の葉を落とすので、子どもたちは落ち葉のプールや焚火をしながら焼き芋を楽しむことが出来ます。また、春になれば腐葉土になり、栽培活動に役立てる等、大切な存在です。また、以前に年長児とつくった大きな池にはひき蛙やトンボが卵

第3章　子どもにとっての「造形活動の意味」を考えよう　*193*

を産みに来て、園の生き物の種類が飛躍的に増えました。春には卵から孵ったおたまじゃくしやヤゴをすくったり、ザリガニ釣りを楽しんだりと池は大のお気に入りの場所となり、子どもたちはそんな自然の中でのびのびと生活します。

　そんな中、新学期年長組のさくら組を夢中にさせたのは「アリ」でした。

アリとの出会いから街づくりへ

　4月のある日、Yが、保育室の前の庭に沢山のアリの巣を発見し、担任の私を呼びました。「見て！ ありんこがいる」「アリさん並んでいる！」と不思議と出来る行列や「ご飯運んでいる」と体よりも大きなものを持ち上げる姿を二人で感動してみていると (注15)、みんなが集まり始め、「僕の家の前にもアリの巣があるよ。ここにアリさんのベットをつくりたい」とYが言い出しました。それにつられ、数人の子が「おうちもつくる」「じゃあ、ここを街にしよう」とシャベルやブロックを持ってきて、Yを中心に街づくりが始まりました (注16)。Yは、年少・年中時代、自分の気持ちを伝えたり、仲間と協同して遊ぶことがうまくできず、1人で遊ぶことが多く、担任として、Yがみんなと楽しく遊ぶことができたら…と願っていました。そんなYを中心に、遊びが広がったことは園内の大きな喜びとなりました。担任の私も、子どもたちが自発的に話し合いを始め、アイディアを出し、遊びを進める様子や、「これが倒れちゃうんだけど、どうしたらいいかなぁ」と困った時だけ保育者を頼ってくる姿を見て、みんなの後ろからついていくことにし、子どもたちと同じように段々とアリの魅力に惹かれていきました。

　「お砂糖置いたら食べるかな？」と砂糖を置き、ありがやってくると「食べてる！」と大興奮する子。その周りでベットやお風呂をつくる子。「年少組に壊されないかなぁ」と心配する姿 (注17) も見られました。私が工事用の三角コーンとポールを渡す (注18) と、どこに置くのかを子どもなりに考え、ガードしている様子に、アリの街に対する思いが伝わってきました。「明日もやりたい」とY君。「甘い物が好きだからお菓子の街にしない？」とYとさくら組の子どもたちが小さなアリとの出会いをきっかけにみんな一緒になって遊ぶ姿が見られました。子どもたちは登園すると、「壊れていないかなぁ…」とかばんも取らないままチェックをしていてさくら組のとても大事な遊びとなっています。この頃にはYもみんなの意見を取り入れ、時には従う姿が見られ、生き生きと顔を輝かせ、仲間と過ごすようになってきました。街づくりをしながらも、「この中はどうなっているんだろう」「ありんこ飼ってみたい」(注19) と巣の中にも興味を持ち始めてきたので、アリを飼ってみることにしました (注20)。

ありんこを飼っていよう

　図鑑には、同じ巣のアリを捕まえること、砂は陽に当てて乾かす、と書いてあり、「このアリは同じお家のアリだね」「あっ逃げた！　待て〜」とアリの早（ママ）さに驚き、苦戦しながらも、楽しんで捕まえていました。ケースに入れる時、Yの「砂糖も一緒に入れてあげないとおなかすいちゃうよ」の一言に、みんなも頷き、生き物に対する優しさを感じ、ほんとうに嬉しく思いました。アリンコは早速巣をつくり始め、2時間で2センチ、次の日には20センチ、「こんなに出来てる」と朝登園するとすぐにケースのところへ走っていく姿があり、アリンコを見て一日が始まり、アリンコを見て降園していく、子どもたちにとってアリはとても大切な存在になっているのを感じました。

ありんこごっこ

　巣づくりも見たことで、さくら組みの子どもたちの心が更に1つに結びついていきました。「一緒に遊ぼ」「いいアリ〜（いいよ）」とありんこになりきって遊んでいるのを見て（注21）、「保育室に木製の衝立や布、ダンボール、紐や紙等色々な物を用意（注22）して、子どもたちが何をどんな風に使うのかを見て見ることにしました。すると、衝立を組み立て、「ここは女王ありさんの部屋ね。卵を暖めているの」違うところでは「ここはご飯を食べる所」「じゃあここは寝るお部屋」「ここはトイレ！」と一枚一枚布を広げ部屋をつくっていました。それを見て、巣の中には部屋のイメージを広げているのだと気づきました。「ご飯にするアリ〜」「アリ〜」「早く寝るアリ〜」などとアリ語も流行り、「先生もみんなを呼ぶ時、アリのみなさんって呼んでね」「お部屋の看板も、アリンコさくら組にしなきゃ」とアリンコ一色となり、飽きることなくアリごっこを楽しむ姿が毎日続きました。

ありんこを表現する

　「この部屋をアリさんでいっぱいにしたい」「アリさんはいつも何をしているんだろうね」という声があがり（注23）、個々のイメージを水性ペンで表現してみました（注24）。

　「ドーナツを探しに行っているの」「宝物を見つけて巣に運ぶの」等、一人一人お話が広がり、それをお部屋に飾ると、アリさんのお部屋に飾ると、「アリさんのお部屋だ」「アリさん見てくれるかな」「俺たち（アリンコ）を描いてくれたって言っているよ！」と自分たちの絵を見てお喋りが聞かれました。またある日、Nが画用紙の端切れを使い、アリをつくっていました（注25）。Nは普段は大人しく、みんなの前で自分の思いを表現するのが苦手な女の子です。これはNにとっていいきっかけになると思い、つくったアリを部屋に飾る（注26）と、「かわいい！」「つくりたい！」とみんなでアリづくりが始まりました（注27）。Nは自分をきっかけにアリづくりが広がったことで自信がついた様

で、みんなのアリを部屋に飾るときには「こっちのほうがいいアリ〜」と伝える姿が見られました。それは今までにないくらい活き活きしていて、アリとの出会いがY・Nの心に大きな影響を与えてくれたことに驚き、感動しました。

　2学期になってもアリへの想いは強く（注28）、見つけるたびに「遊びに来てくれたぁ」「僕たちに会いたかったんだね」とみんなを笑顔にさせてくれました。そこで、アリを登場させたお話をつくり、劇ごっこも楽しみました（注29）。

　3学期になった今も、意見を出し合い（注30）、お話の貼り絵（注31）をつくったり、アリの秘密基地づくり（注32）が広がっています。子どもたちはアリとの出会いを通して、仲間と力を合わせ、見つめ、考え、表現する力が育ってきたように思います。冬になり、アリに会えなくなっても、何かあると、「アリさんに（ママ）見ているかな？」「元気にしているのかな？」と、みんなの心の中には、アリンコがずっと残り続けていることを感じています。

　この実践では、アリをテーマとした6種類ほどの造形活動、「お城づくり」「巣づくり」「貼り絵」「お話の貼り絵」「イメージ画」「ペープサート」に取り組んでいる。

　この実践は、アリの巣を発見して保育者に伝えずにはいられない子どもがいて、保育者も感動しながら子どもといっしょに見ていたことから始まっている。子どもたちの様子を見守りながら、興味が広がる対応や表現につながる対応をきちんとなされている。その結果、子どもたちは積極的にアイディアを出しながら、仲間と力を合わせて意欲的に取り組んでいる。同時に、仲間とうまく関われなかった二人が、生き生きと取り組んでいる。

　①子どもの気持ちを見越しながら、材料を準備している。

　・壊されることの心配（注17）に対して、工事用三角コーンとポールを準備すると（注18）、子どもなりに考えてガードする。

　・アリになりきっている（注21）ことに対して、衝立・布・ダンボール・紐・紙などを用意したら（注22）、アリの巣（部屋）づくりが始まる。

　②子どものアリへの想いが強まっているタイミングに合わせて、造形活動などを展開している。

　・アリに対する子どもたちの興味が高まったのを見て（注23）、個々のイメージを水性ペンで表現する（注24）。

・子どもたちのアリへ強い想い（注28）から、お話をつくり・劇ごっこを楽しむ（注29）。

③子どもの意見や一人の子どもへの配慮によって、造形活動が広がる。

・意見を出し合って（注30）、お話の貼り絵（注31）・アリの秘密基地づくり（注32）が広がる。

・子どもが画用紙の端切れで自発的に作ったアリ（注25）を部屋に飾ることで（注26）、みんなでアリづくりが始まる（注27）。

この実践は、子どもがアリを発見したことをきっかけに、保育者も感動しながらいっしょに見ていたことから始まっている（注15）。そして、Y中心に街づくりが始まっている（注16）。更に、アリを飼いたい希望（注19）を受け入れて（注20）飼い始めることからも分かるように、子どもの気持ち（発見・発想・提案・アイディア）を見越したり、受け入れたりしている。そして、さまざまな材料を準備してあげることによって、子どもたちの活動が広がりを持ちながら、積極的に展開されている。作品づくりが目的でもなく、作品づくりを先導しているわけでもない。子どもの心に寄り添い、必要な材料を保証することによって、豊かな生活が展開されている。

紹介した2つの実践に共通するのは、「子どもの気持ちを見越したり、採り入れたり、子どもたちと相談したりしている」「保育者は子どもの活動を見守りながら、子どもの主体性を重視している」「子どもの充実した体験づくり、豊かな生活づくりのための支援をしながら、造形活動につなげている」、そして「造形活動によって、豊かな生活が一段と高まっている」ことである。

子どもの発見・発想・提案・意見・アイディアを生かすこと、「豊かな生活」と「豊かな表現」は切っても切り離せない関係であることを再認識させられる。

（3）集団の教育力に注目しよう[53]

18～19世紀のアヴェロンの野生児（ヴィクトール）の例を見るまでもなく、人間は人との関わりの中でこそ育つ。胎児のときから、母親や周囲の影響を受けている。衣服の着脱・道具や言葉の使用・挨拶の仕方・ルールなど、人間が

第3章　子どもにとっての「造形活動の意味」を考えよう　*197*

獲得する能力や知識は全て人から学ぶ。人間は、集団の中で、学び、育つのである。そのためには、学べる集団、学び会える多様な集団が必要である。仲間も多いほうがよい。仲間も増えていかなければならない。

　保育は領域ごとに区分され、区分に対応した保育者の勉強はそれなりになされている。しかし、集団をどのように創り上げていけばよいかは、手探りの状態であることも否定できない。保育者には「集団づくり」に対する確かなビジョンと、担当する集団の実態に対応した集団づくりのための具体的な関わりが求められる。

　多動や集団行動がとれないなどの理由で、集団から分離して個別に指導・活動させることは間違いである。

　集団指導の効果として、次の4つ挙げられている。[54] これ以外にも、「承認効果（仲間から認められる効果）」なども考えられる。

　・見　　物　　効　　果～行動を他者に見られるときの効果
　・共　動　作　効　果～他者といっしょに学習している場合の効果
　・観　　察　　学　　習～他人の学習を観察することによって得られる効果
　・ピグマリオン効果～教師が子どもに対して抱く期待効果

　①　お手本がある

　子どもは、産まれてから家庭でさまざまなことを教えられる。家庭では、理屈や口先だけでは教えない。やって見せたりしてお手本を示している。それを見て、子どもは学ぶ。園でも、保育者がお手本を示したりして教えることは多い。

　更に、仲間の行動を見て学ぶことも多い。模倣である。学びにおける模倣の重要性は、指摘したとおりである（185-186 頁）。自分ができなかったことができたり、憧れの表現をしている仲間や保育者がいると、模倣したくなる。「観察学習」である。この模倣が、学びの大きな原動力になる。

　同時に、悪いお手本があると、悪いお手本を学んだり、逆にそのようなことをしてはいけないことを学ぶ。

　②　認められる

　人間は、他から認められたり褒められたりすると、大きな自信を持つ。「承

認効果」である。子どもはがんばるとそれなりの成就感を持つが、自分から「がんばった」とは言いにくい。そこで、子どもががんばったことなどを、保育者が仲立ちして集団に伝えたい。仲間に認められることは、大きな自信となる。

ただし、仲間から認められなかったり、仲間とぶつかることもある。この過程で自分の考えの修正を余儀なくされるなど、結果的に学ぶことも多い。無論、この場合は、保育者の配慮が必要となる。

③ 励まされる

独りではがんばることができなくても、みんながんばっているから、自分もがんばれる。みんなはできるのに自分だけができないが、仲間の応援と励ましがあるからがんばれる。これは、いっしょに活動している「共動作効果」であり、仲間や保育者による「ピグマリオン効果」である。ヴィゴツキーも、共同で取り組むことの意義を指摘している（185頁）。

また、集団での活動は、強く意識しなくても、みんなに見られることになる。「見物効果」である。みんなに見られることで、がんばる気持ちが高まる。

④ できないことができるようになる

子どもが独りではできないことでも、「発達の最近接領域」ならば、保育者や仲間といっしょに活動することによってできるようになる。「共動作効果」によるお手本や教示による支援が期待できるからである。

ただし、難しすぎる課題は、いくら保育者や仲間と共同で活動しても解決できない。

⑤ 助けてもらえる

人間は子どもに限らず、失敗もすれば、困る場面にも遭遇する。困っているときは、仲間や保育者が相談に乗ってくれたり、助けてくれる。助けたり助けられたりするのは、集団ならではである。相手を思う気持ちや、優しさも育まれる。

⑥ ルールを知る

仲間といっしょの活動は、順番を待ったり、みんなで決めたルールで活動することになる。自分の思いどおりにならないことも多い。仲間のいろいろな考えから、自分の考えの修正を余儀なくされ、折り合いをつけることも必要にな

る。

　子どもは集団のなかで、ルールを知ることによって社会性を学んでいく。

⑦　高め合える

　仲間は、ときとしてライバルとなる。ライバルとは、負かす相手ではない。仲間ががんばっているから、自分もがんばる。仲間ができるから、自分もできるようになりたい。仲間よりも上手になりたい。また、いろいろな考えが出されたときに、みんなで話し合う。

　このようにして、お互いが影響し合って、高め合うことができる。これは、「共動作効果」「観察学習」である。

（4）子どもと対話しよう

　保育は、知識や技能が上回る大人が子どもに対して、上から目線で教えたり、指示したりすることではない。無論、教えたり、指示したりすることは必要である。

　しかし、保育は子ども及び子どもたちとやり取りしながら行われるものである。「やり取り」とは「対話」である。感情のある保育者と子どもがやり取りするのだから、対話は、お互いの心・生命に響かなければならない。

　対話は、言葉だけではない。雰囲気もあれば、表情も身振り手振りもある。言葉も、心を乗せないと相手には響かない。お互いの心・生命に響き合う「心のキャッチボール」でなければ、心を伴わない表面的な言葉だけのやり取りになる。会話はできても、対話にはならないのである。

　朝の挨拶も、「おはよう！」の言葉だけではよくない。「おはよう！」の言葉を発するとき、「今日もいっしょに過ごせる喜びと期待」「今日も会えたうれしさ」などの気持ちを載せなければならない。気持ちを載せることは、簡単ではない。「保育者の仕事に、保育者自身が保育者冥利を感じているか」「子どもと過ごすことが義務ではなく心から楽しいと感じているか」「子どもという生命との出会いに一期一会を感じているか」「子どもを愛しいと実感しているか」、などの気持ちがにじみ出るからである。これらの気持ちがあって、保育者は子どもから信頼される。子どもからの信頼なくして、対話は成立しない。

「表 3-9　保育者に求められる姿勢」の「1　子どもの心に寄り添う（172-174 頁）」及び「2　解放的な雰囲気づくり（172 頁）」とも関連する。

①　保育者の価値観・先入観を捨てよう

保育者の立場や先入観を一瞬捨てて、子どもを他人ではなく自分のこととして、子ども自身の立場になって、子どもの気持ちを考えなげればならない。

保育者の話は、ややもすると、たてまえや理屈、大人の価値観になりがちである。子どもと保育者は、世界観・価値観が全く異なるという前提に立たなければならない。

②　子どもの理解力に合わせよう

保育者が子ともの発達に合わせて分かりやすく話したつもりでも、子どもには伝わらないことがある。保育者が話していることが子どもに伝わっているかは、そのときの子どもの様子から判断するしかない。保育者の感受性が求められる。あまり伝わっていないと判断したら、話し方などを変える。そして、子どもが理解しているかを洞察する。

③　目に見える現象だけでは判断しない

大人でも、自分の気持ちをうまく表現することは難しい。子どもが発する言葉だけで判断してはいけない。保育者に心を開くと、保育者に気持ちを伝えるようになる。気持ちを伝えることは子ども自身の問題でもあるが、相手である保育者の問題でもある。

④　話を丁寧に聴いてあげよう

まず、子どもの話や行動は、肯定的に受け止めなければならない。保育者から見て困ったことでも、子ももの話や行動には意味がある。すぐに否定したり、修正してはならない。傾聴し、洞察しながら、その意味をひもとかなければならない。

また、対話は保育者の一方的なペースで進めてはいけない。子どもという相手と対等の立場で、子どもに配慮して進めなければならない。

第3章　子どもにとっての「造形活動の意味」を考えよう　*201*

(5) 共感的な「1対1の対話による描画活動」を重視しよう

① 「1対1の対話による描画活動」が重要な理由

　感覚（感触）遊びの場合は、子どもが楽しく遊べるように関わることが大事である。描画の場合でも、1歳頃の描き始めは言葉もうまく話せないので、保育者が共感しながら、子どもが楽しんで、点々や往復線などを描くことが大切である。

　2歳頃になると、2語文、形容詞の一部や助詞をはなせるようになる。3歳頃になると、3語文、多語文、接続詞などもはなせるようになり、話し言葉が豊かになる。しかし、2～3歳頃の描画はぐるぐる丸や閉じた丸などで、具体的な形はまだ描けない。だからといって、ぐるぐる丸や閉じた丸を描いているのではない。子どものぐるぐる丸や閉じた丸には意味がある。

　グルグル丸を描けるようになる2歳頃は、保育者が聴くと、子どもが具体的な意味に「みたて」る。いわゆる、「意味づけ（みたて）期」である。閉じた丸を描けるようになる3歳頃は、保育者が聴くと、具体的な意味のあるものの「つもり」で描いていることが分かる。いわゆる、「意味づけ（つもり）期」である。

　このように、子どもにとっては「ぐるぐる丸」や「閉じた丸」の絵ではなく、「ぐるぐる丸」や「閉じた丸」に託した言葉なのである。この子どもが絵に託した言葉は、保育者が対話しながら聴かないと分からない。子どもに一斉に描かせて、後から保育者が聴くわけにはいかない。子どもと対話しながら描く活動、つまり、「1対1の対話による描画活動」が、極めて重要となる。

　また、対話を深めるためには、保育者が日頃から子どもの話をよく聴いてあげることが必要である。聴いてあげることによって、子どもはますます積極的に話すようになる。つまり、積極的に行動できる人間に育っていく。

② 「1対1の対話による描画活動」の具体的な方法

　「1対1の対話による描画活動」はとても重要なのに、現場では積極的に実施されているとは言えない。通常では、みんなに手がかかるので、工夫しないとできない。

　以下、中山ももこ[55]による実践を参考に考えてみたい。

ア　1回の人数

1日で全員行うのは無理である。毎日数名でかまわない。毎日数名でも、毎日行うことによって、月に1回程度は順番が回ってくる。毎日根気強く行うことが大事である。月に1回程度でも、年間だと最低でも10回はできる。

イ　子どもと保育者の位置関係

大人でも向かい合うと緊張するので、必ず隣に座る。保育者の左右どちらがよいかは、その子どもが落ち着く側にする。保育者の膝に乗ることもある。

ウ　順番を待つ

1日に数名行うとしても一斉にはできないので、順番を待ってもらう必要がある。「1対1の対話による描画活動」を定着させるためには、他の子どもたちが順番を待てることが必要である。2歳頃になると待てるようになる。積み重ねによって、「待っていたら必ず順番がくる」という信頼関係を作っていかなければならない。

「順番が待てる」ことは、「決まりが分かること」であり、「社会性」が身に付いていくことでもある。また、順番を交替してあげる子どももいる。このように、「1対1の対話による描画活動」を通して、社会性や仲間を思う優しさも育むことができる。

(ア)　順番を待っている子どもの動き

「一人遊び」をする

順番を待つことが、子どもにとって苦痛であってはならない。自由遊びを楽しみながら、待っている時間も楽しく過ごさなければならない。絵本を一人で読んだり、パズルをしたり、ままごとをしたり、粘土遊びをしたり、いろいろな過ごし方でよい。

「一人遊び」以外の待ち方

待っている子どもが、全員一人遊びをするとは限らない。保育者と子どもが「1対1の対話による描画活動」を行っているところに来て、見ている場合もある。見ているだけなら、かまわない。見ることによってや

り取りを理解し、まねしたりするなどのよい影響も期待できる。

　ただし、待っている子どもが自分に興味を向けようとしたり、いっしょに描いたりしてじゃまするのは望ましくないので、「後でね」などと伝えて待ってもらうとよい。

エ　イメージが広がる対話のしかた

　166頁でも述べたように、子どものイメージが広がる聴き方は、コツがいる。子どもが描いた線描画に対して、「これ何？」を繰り返すのではなく、感動と期待と共感を込めて聴きたい。

　子どもが描くのは点や線や丸が多いので、何を描いたかはその形からすぐには判断できない。その場面が分からない場合は、「楽しそう！」と話しかけてもよいし、「このお話聴かせて！」でもよい。なんとなく分かる場合は、そのときの情景が思い出されるような言葉がけが必要である。保育者が聴くことによって、話が広がっていくのが望ましい。保育者の力量の見せどころでもある。

　「1対1の対話による描画活動」は、子どもが描いた線描画をきっかけに、保育者と子どもが2人で物語を作っていく活動である。

オ　言葉のやりとりは絵に直接書き込む

　子どもの絵に文字を書くことを、疑問視する保育者もいる。しかし、「1対1の対話による描画活動」が重要な意味を持つ子どもが描くのは、大人が考えるアートとしての絵ではなく、「言葉」である。ならば、線描画の意味が分かるように、線描画の近くに書き添えるべきである。子どもが話したことを、子どもの目の前で書くことが大切である。子どもは目の前で書いてもらうことによって、話したことを聴いてもらっていることを実感する。この実感が、話すことの意欲を高め、ますます話すようになる。無論、保育者が話したことも書かなければならない。

　録音後に文字起こしをする方法では、書くことによって丁寧に聴いてあげていることを子どもに伝えられなくなる。音声入力のアプリケーションを使用しても、文字化には大変な労力を要する。

　その場でリアルタイムで書き込むと、話すことに対する子どものモチ

ベーションを高めるとともに、保育者が後で記録する労力も省くことができる。

③ 「1対1の対話による描画活動」の実践例（Sは子ども、Tは保育者の言葉を示す）。

ア　1歳児クラスの例[56]

　描いたグルグル丸を「でんしゃ」に見立てた子どもに対して、まず、保育者が「でんしゃ、のったの？」と繰り返すことによって、肯定的・共感的に受け止めながら、電車の話が自然にできるように問いかけている。それに答えて、電車に乗ったときの気持ちを子どもが話している。そこで、1歳児クラスの子どもが一人で電車に乗ることはないので、誰と乗ったのかを保育者が尋ねている。誰と乗ったのかを聴かれて、両親と乗ったことを話すとともに、電車の動いていく様子を伝えている。

```
S：でんしゃ                                      S（子ども）　T（保育者）
T：でんしゃのったの？
S：ぼーってのったら、しゅっぱつしんこういっちゃうの。
T：だれがのってるの？
S：おとうさん　おかあさん　ぐるんぐるんていっちゃうの…
```

　興味のある電車に両親と乗ったことが、強いイメージとして残っていたから、描いたグルグル丸を電車に見立てたのである。保育者が、子どもが「でんしゃ」と言ったのを無視して「これ何？」と聴いたら、子どもが別のものを答えて終わった可能性もあ

写真3-8　ぐるぐる丸の描画

れば、「でんしゃ」と答えて終わった可能性もあるが、保育者がうまく聴くことによって、子どもがそのときの情景を話したのである。保育者が、そのときの情景を子どもから引き出したのである。

イ　3歳児クラスの例[57]

　子どもと保育者の楽しい会話が、生き生きと伝わってくる。まず、子

第3章 子どもにとっての「造形活動の意味」を考えよう　205

どもが「ネズミの足〜!! 長いの〜!!」と話したことを、「ほんまやあ！ ネズミの足やあ」と繰り返すことで同意し、共感を持って受け止めている。この同意は、とても大事である。

S：「ネズミの足〜!! 長いの〜!!」　　　　　　　　　S（子ども）　T（保育者）
T：「ほんまやあ！ ネズミの足やあ。今日のネズミさん 力がないんだって（不明）言うてたね 弱いんかな??」
S：「……」
T：「ゆうちゃん強かった？」
S：「ゆうの足〜、これも!! ゆうちゃん 足ふたーつ!!」
T：「ほんま！ ゆうちゃんの足　二つある〜」
S：「あし〜 あし〜 足がいっぱい!! あし〜。あし〜。」「みんな歩いてんの！」
T：「どこ行くの？」
S：「なっちゃんの足も描いたろう」
T：「ハハハ… ほんまや！」
S：「もーもたろうさん！ってネズミのお家まで歩いてんの。」
T：「水たまりがあったら どうする？」
S：「ピョ〜ン！ってすんねん。とんでんで！ とんでんで!! ほんまに とんでんで!!」
　「影もあんねん。影はまーる!!」
T：「じゃあ 岩があったらどーする？」
S：「岩落ちてんねん！ 岩はー押すねん。先生のもあんでぇ。」
T：「ほんまや!! 先生の足？」
S：「みんなはピョ〜ンしてんねん。K先生もT先生もS先生も…」

「ネズミさん、力がない？ 弱い？」と保育者が続けるが、子どもは答えていない。子どもはネズミの足には興味があっても、力のなさや弱さに興味がなかったか、それとも保育者に聴かれたことを理解できなかったことなどが考えられる。

保育者に聴かれたことに、子どもがいつもスムーズに答えるとはかぎらない。そこで、保育者は瞬時に、「ゆうちゃん強かった？」と聴き方を変えている。

写真3-9　描画の一部（対話が記入されている）

この、臨機応変な対応が重要である。

「子どもの名前 → 子どもの足・歩く → どこへ？ → ネズミの家まで → 水たまりがあったら？ → 跳ぶ・影もある → 岩あったら？ → 落ちていない・押す → 先生の足 → みんなピョ〜ン」と、話がつながるとともに広がっている。

子どもが話したことと関連づけて、「どこへ？」「水たまりがあったら？」「岩あったら？」と子どもに返しているから、イメージが広がったのである。

同時に、子どもの足に対する思いの強さが浮かび上がってくる。この対話だけでは、子どもの足に対する思いの理由は分からないが、きっと根拠があるはずである。例えば、うまく歩けたり走れるようになったとか、遠くまで家族やみんなと歩いて行ったとか、飛び跳ねたとか。

身近にいる保育者なら、きっと分かるはずである。対話活動から、子どもの思いを読み取ることも大事である。

9　気になる表現に配慮しよう

保育者から見ると、気になる表現をする子どもに出会うことがある。例えば、「いつも同じような絵しか描かない子ども」「画面に小さくしか描かない子ども」「黒・青・緑などの暗い色でしか描かない子ども」「紙に穴が開くほど塗りつぶす子ども」「文字しか描かない子ども」。保育者がこのような表現を望ましくないと考えて、保育者が期待する描き方を無理に教えたり、是正したりしてはいけない。

保育者には、保育のスペシャリストとして、子どもの心を洞察する能力が求められる。風邪を引くと、発熱・咳などの症状が出るので分かるが、心は目に見える現象ではないので、把握するのが難しい。

では、気になる表現があった場合、どのように対応したらよいのだろうか。「いつも同じような絵しか描かない子ども」の場合は、「イ　同じような作品を

作ってかまわない」（139-140 頁）でも述べたように、興味を持って描いていることを肯定的に評価しなければならない。そして、豊かな生活を経験したり、仲間からの影響を受けたり、無理のない支援によって、自然に変化するのを待ちたい。

「いつも同じような絵しか描かない子ども」「画面に小さくしか描かない子ども」「黒・青・緑などの暗い色でしか描かない子ども」「紙に穴が開くほど塗りつぶす子ども」「文字しか描かない子ども」などの場合は、それが心の状態を反映していることを理解しなければならない。そして、豊かな生活を創りながら、愛情をたっぷり注ぐ。子どもの気持ちが安定し、心に響く生活を体験していくと、表現も変化する。保育者に悩みを話してくれるかもしれない。

子どもの悩みは、大人から見るとささいなことかもしれないし、子ども自身も意識していないかもしれない。保護者も気づいていないかもしれない。抱えている悩みを、子どもからうまく言えない場合もあるし、聴いても心配かけまいとして言わない子どももいる。

いずれにしても、気になる表現が見られた場合は、心のサインと受け止め、放っておいてはならない。そして、独りで抱えずに、保護者に率直に相談したり、同僚などに相談したりして、原因と対応を考えていかなければならない。原因が分かるに越したことはないが、分からないことがあるかもしれない。分からなくても、子どもの心に寄り添いながら、肯定的に理解しようとする保育者の意志こそ大切である。同僚などと話し合うと、気づくこともある。

気になる表現の原因として[58]、弟妹が生まれることに対する不安、家庭内のいざこざ、転宅、などが報告されている。

原因がはっきりした場合は、子どもの気持ちを受容しながら子どもの心に寄り添い、子どもの不安を取り除かなければならない。

保育者には、子どもの喜・怒・哀・楽・悲・嬉・悩などを捉えるための鋭い感受性が求められる。そのためには、日々の生活の中で、子どもの心に寄り添う意識を強く持たなければならない。更に、同僚などとの相談を通して、子どもへの理解を深めることである。

子どもの悩みがなくなり、情緒が安定し、伝えずにはいられない豊かな生活

を送るようになると、子どもの心は画面いっぱいに、生き生きと躍るようになる。

10　保育指導案を考えよう

(1) 保育指導案を書く意味
　日々の保育では、保育指導案を書くことは少ない。保育指導案は、保育の公開を目的として書かれることが多い。

　保育指導案とは、保育を徹底的にシュミレーションすることである。書くことで、保育の構想が自分の中で明確になる。そして、他人に参観してもらって議論することによって、自分では気づかない長所や課題や改善策が見えてくる。その結果、当該の保育者はもちろん、参観して研究会に参加した全員の学びが期待できる。

　保育者が、日頃の保育に一生懸命取り組むことは当然である。しかし、独りよがりではいくら努力しても限界がある。保育者自身及び園全体が本質的に変わるためには、保育の公開及び保育研究会は不可欠である。内部の発想を越えるためには、外部講師も迎えたい。

　保育指導案を書くには労力を要するが、保育者としての力量を高めるために、年に複数回は保育指導案を書いて保育を公開し、みんなで積極的に議論したい。

　保育指導案では、保育者が願う子どもの活動が展開されるための活動内容を考える。更に、子どもが保育者や仲間と関わりながら、夢中になって、試行錯誤しながら、成就感を得るための具体的な活動が展開されるように、支援していく過程を徹底的にシュミレーションする。

　実際の保育では、シュミレーションどおりにいかないことが多い。シュミレーションどおりに展開される保育は、可もなく、不可もない保育といえる。シュミレーション以下なら、その原因を徹底的に究明する必要がある。シュミレーション以上の活動を目指すべきである。シュミレーション以上の活動が

生まれるためには、シュミレーションがしっかりできていなければならない。じゅうぶんに吟味されたシュミレーションがあってこそ、柔軟かつ臨機応変な対応が可能になる。

　子どもにとって「発達の最近接領域」が重要であるように、保育者も、現状で可能なレベルの一歩先のレベルを目指すべきである。「発達の最近接領域」は、保育者にも当てはまる。

(2) 構造的・全体的に保育指導案を構想しよう

　定められた様式の順番に沿って書く保育者が、多いのではないだろうか。いきなり様式に沿って書くと、保育の本質が把握しにくい。様式に沿って書く前に、「何を目標にするのか」「その目標を達成するために、どのような具体的な活動内容を用意するのか」「保育者が期待する活動が展開されるために、具体的にどのような支援をするのか」「具体的にどのような活動が展開されたら、目標が達成したと判断するのか」などを絵図化して、保育構想を構造的かつ全体的に構想する。ここで初めて、保育の全容が見えてくる。

　保育構想を具体的に絵図化することによって明確になった全体構造があって、ようやく個々の項目が書ける。保育構想の絵図化を勧めたい。

(3) 保育指導案作成上の具体的な留意点

　保育指導案の様式はさまざまあるが、共通点があるのも事実である。以下、項目ごとに留意点を述べる。

① 題材（本時の活動、活動名）

　本時の中心となる活動を、「〜を歌おう」「〜を作ろう」「〜をしよう」のように、子どもの立場で具体的に書く。

② 題材設定の理由

　保育者が本題材を採り上げた理由を、「幼児観」「教育・保育課程観」「題材（教材）観」「指導観」の４つを踏まえて、簡潔に書く。

ア　子ども（幼児）観

　子どもの発達や興味・関心を、題材に関連する内容と対応させて書く。

本題材に関連する既習経験や課題となることも書く。

イ　教育・保育課程観

　本題材が、教育・保育課程及び指導計画に合致していることを書く。当然、「前時からの流れや今後の展開」「季節や行事や他の領域との関連」なども書く必要がある。

ウ　題材（教材）観

　子ども（幼児）観と対応させて、題材の内容にどのような意義や価値があるのかを書く。題材に対する子どもの既習経体験や課題となることも書く。徹底的な教材研究がなければ、書けない。

エ　指導観

　「子ども（幼児）観」「教育・保育課程観」「題材（教材）観」を包括して、設定した目標に迫るために、どのような活動を組織して、どのように支援するのか、何に留意するのか、保育者の考えや意図を書く。具体的には、題材の組み立て方、指導の形態、教材・教具の工夫、支援の基本的な考え方などの中から必要な事項を選択して書く。

③　子どもの実態（子どもの姿）

　子ども一人ひとり及び集団全体の発達や興味・関心などを、具体的に書く。その際、できるだけ肯定的な見方に心がける。マイナス面よりも、よいところ、できるところ、できかかっているところに注目する。主な観点としては、基本的生活習慣、生活、遊び、友達との関わりなどが挙げられる。

④　ねらい

　子どもの実態（子どもの姿）から、本時の活動で期待する子どもの姿を具体的に書く。本時の活動の「ねらい」なので、「一般的なねらい」や「抽象的なねらい」になってはいけない。本時の活動から導き出された具体的な「ねらい」でなければならない。同時に、子どもがいくらがんばっても達成不可能なものや、簡単に達成できるものは望ましくない。現在の力を、最大限に発揮すると達成できる「ねらい」でなければならない。

　表記する場合は、「～を楽しむ」「～に興味を持つ」「～を感じる」「～で遊ぶ」など、子ども主語（子どもの立場）で書く。「～してもらう」「～させる」

第3章 子どもにとっての「造形活動の意味」を考えよう *211*

のように、保育者の立場では書かない。更に、「〜ができるようになる」のような知識・技能でなく、心情や意欲や態度など、子どもの内面の育ちが反映したものにする。また、「ねらい」は1つでなく、活動に応じて2〜3つ程度とする。

⑤　内　容

ねらいを達成させるための具体的な活動内容を、子ども主語（子どもの立場）で書く。その際、活動名だけでなく、「〜をする」「〜を楽しむ」「〜しよう」「〜して遊ぶ」などと書く。活動に応じて2〜3つ程度とする。

⑥　活動の流れと予想される今後の活動

題材は、前後の流れがあって、単独では存在しない。前時若しくは前々時などの活動と本時がどのようにつながっているのか、更に、今後どのような活動につなげていきたいのかをフローチャートで書く。このことによって、本時の活動の位置付けが明確になる。

⑦　時間・時刻

「時間」の場合は、予想される時間配分（例：「10分」又は「10分［10:00〜10:10］」）を書く。小学校などでは、「導入（5分）」「展開（30分）」「整理（5分）」のように、「時間」を書く場合が多い。しかし、幼稚園や保育園では、各活動の区切りの時刻を書く場合が多いので、その場合は見出しを「時間」ではなく「時刻」としなければならない。現場で配布される保育指導案はもとより、出版されている『手引』の類いも、時間と時刻の混同が多く見られるので注意したい。

⑧　環境構成

活動に必要な物的環境、人的環境である子どもたちや保育者、空間づくり、雰囲気や状況、安全面への配慮などを分かりやすく書く。「配置図」ではなく「環境構成」なので、単なる配置図になってはならない。活動場所、備品（机、椅子、ピアノなど）、材料や道具、子どもや保育者の位置などを図で示す。必要に応じて、説明書きを加える。

⑨　予想される子ども（幼児）の活動

保育者の説明や指示などによって幼児が行うべき活動と、その時に予想さ

れる子どもの姿が浮かぶように具体的に書く。保育指導案で、最も重要なところである。保育者が考えたとおりの活動を子どもに求めるなら、保育者が子どもに指示してやらせることだけを書いたり、活動内容を羅列すればよい。しかし、保育は、保育者が教材研究して用意した活動内容に対して、子どもの主体的な活動が豊かに展開されなければならない。そのためには、子どもの主体的な活動や反応を具体的に予想して、子ども主語（子どもの立場）で書かなければならない。「予想される子どもの欄」から、生き生きとした子どもの姿が見えてこなければならない。

　まず、予想される子ども活動や反応を詳細に書いてみる。それでは保育指導案の枚数が膨大になりかねないので、詳細に書いた中から、保育指導案には主なものだけを書いてかまわない。ただし、あまり簡潔に書くと具体的な子どもの姿が見えないので、ある程度は詳しく書く必要がある。活動のシュミレーションができていれば、予想される子どもの活動は具体的に書けるはずである。

　例えば、「絵本『おおきなかぶ』を見る」活動の場合、「『うんとこしょ、どっこいしょ』と、みんなで声を合わせて楽しむ」と書かれていると、子どもがどのように絵本を見ているかが伝わってくる。

　また、活動内容に合わせて、大項目と小項目に「○」「・」などの印を付けたり、書体やポイントを変えたりすると見やすくなる。

⑩　保育者の支援（援助）及び留意点（指導上の留意点）

　予想した子どもの活動に対して、どのような支援をすれば楽しく主体的な活動が展開されるかを考える。そして、考えた具体的な支援と留意点を、実際の活動をイメージしながら書く（言葉のかけ方・表情・しぐさ・子どもへの目くばり・子どもどうしのトラブルへの対処方法・注意のひきつけ方・泣いたり片づけをしない子どもへの対応・次の活動への動き方・準備や片づけなど）。想定した支援をより明確にするために、これらの想定した支援を声に出してみたり、実際にやってみるとよい。

　活動は集団で行われるので、個と集団が相乗効果を発揮するように、活動内容に応じた個と集団の関わり方も具体的に考えておかなければならない。更

第3章　子どもにとっての「造形活動の意味」を考えよう　*213*

に、個別に配慮を要する子どもがいる場合は、その対応も具体的に考えておか
なければならない。

　また、各活動の支援と留意点にばかり目が向いてはいけない。それぞれの活
動をつなぐ働きかけも考えておかなければならない。

　支援の行為も、「確認する」「工夫する」「言葉がけする」「褒める」「伝える」
「示す」「促す」などではいけない。それぞれ具体的に「どのようにするのか」
が書かれていなければならない。支援は子どもの具体的な活動に対して、具体
的に行うものだからである。

　その際、支援の行為だけを書くのではなく、「どのような点に留意するの
か？」「なぜその支援をするのか？」など、支援の留意点や意味についても書
くようにする。そして、支援を慌てずに臨機応変で柔軟な対応をするために
は、表3-5（115頁）を基にした、予想される全ての具体的な活動について、
多様な段階的かつ具体的な支援を考えておく必要があるが、その全てを長々と
書く必要はない。保育指導案には、主なものだけ（要点）でよい。詳細なもの
は、保育指導案とは別に用意しておく。いずれにしても、予想されるあらゆる
支援の具体的な構想がなければ、支援を具体的に書くことはできない。

　子どもに対する指示だけでなく、子どもの活動を認めるための支援や、活動
のおもしろさを深めるための支援なども、ねらいと関連づけながら書く。

　表記にあたっては、

・強制的な表現「〜させる」は避ける。

　例：「子どもに意見を出させる」でなく、「子どもたちの意見も採り入れるよ
　　　うにする」にする。

　例：「床に落ちたごみを片づけさせる」でなく、「床に落ちたごみに気づくこ
　　　とができるような言葉がけをする」にする。

・恩着せがましい表現は避ける。

　例：「できたお面を褒めてあげる」でなく、「できたお面を褒める」にする。

・できるだけ具体的に書く。

　例：「ハサミの使い方を支援する」でなく→「『ハサミでなく、紙を回しなが
　　　ら切ろうね』と声をかけながら、ハサミの使い方を支援する」にする。

活動を保育指導案どおり、順調に進めることが重要なのではない。大事なことは、保育者が子どもと心のキャッチボールをしながら、子どもの心に寄り添い、子どもの反応に合わせた支援を行うことである。活動が遅滞したら活発にするための支援を試み、活動が活発に展開されたらさらに深める支援を試みる。その結果、保育指導案どおりにならなくてもかまわない。子どもが自分からやりたい気持ちになって楽しく活動し、充実感や満足感と次時への期待を持って終わることが大切である。子どもたちが期待を持って、心動かされる活動にするには、「導入」の工夫も必要となる。「終わり」も形式的でなく、がんばったところを認めたり、楽しくできた喜びを味わったり、次時への期待を持たせる工夫が求められる。

⑪　評　価

　評価項目がない保育指導案もあるが、子どもがねらいを達成できたかを判断する「具体的な評価の観点」を書く。「具体的な評価の観点」は、保育構想がしっかりできていなければ書けない。

　そして、「具体的な評価の観点」に基づいて、ねらいの達成状況を評価する。評価にあたっては、題材や支援の方法などの成果と課題を、保育の事実（こと）を基にその理由（わけ）を具体的に考察する。

　　ア　悪い例

　　　ねらい：友達と楽しく遊ぶ。

　　　評　価：友達と楽しく遊ぶことができたか。

　　　これでは、「ねらい」と「評価」の語尾が違うだけで、子どもがどんな活動をしたら「友達と楽しく遊ぶことができた」と判断するのかが、明確ではない。そのときの具体的な活動で、友達と楽しく遊ぶための具体的な構想があれば、その構想を基に具体的な評価の観点が想定できるはずである。

　　　「ねらい」と「評価」の語尾が違うだけの場合は、保育の構想が甘いと言っても過言ではない。

　　イ　良い例

　　　ねらい：① 力を込めて、思い切り土粘土を操作する。

第3章　子どもにとっての「造形活動の意味」を考えよう　*215*

　②　自分なりのイメージを持つ。

　評　価：①・身体全体や手指を、じゅうぶんに動かすことができたか。

　　　　　　・粘土を軟らかくしてから作ることができたか。

　　　　　②・操作した粘土の塊や形に、自分なりのイメージを持つこ
　　　　　　　とができたか。

　　　　　　・完成した作品のお話（説明）ができたか。

　　　　　　・具体的な形にすることができたか。

　この場合は、「力を込めて、思い切り土粘土を操作できたか」を、「身
体全体や手指を、じゅうぶんに動かしていたか」と「粘土を軟らかくして
から作ることができたか」の2つの側面から評価しようとしている。「思
い切り」も、「身体や手指の操作」と操作の結果である「粘土の軟らかさ」
から捉えようとしている。

　また、「自分なりのイメージを持ったか」を、「操作した粘土の塊や形
に対する説明ができたか」と「具体的な形になっていたか」で捉えよう
としている。つまり、作りたいもののイメージがあって具体的な形を作
れる場合は、具体的な形にできたかで評価し、具体的な形を作れない場
合は痕跡や形からお話ができるかで評価しようとしている。

　これらの評価から、「身体全体や手指をじゅうぶんに動かして粘土を操
作する」ことと、「イメージに添った形にすることやお話する」ことを重
視していることが伝わってくる。

　このように、評価は保育指導案の付け足しではなく、保育のねらいや
ねらいを達成するための具体的な活動と密接に関わってくる重要な項目
である。

⑫　反省（自己評価）・保育研究会

　保育指導案にはない項目で、保育指導案とは直接関係ないが、保育者が自分
の保育を振り返って、うまくいった点や改善点などを整理し、自己評価しなけ
ればならない。自己評価には限界があるので、参観者を交えた保育研究会の開
催も大きな意義がある。

　ただし、保育研究会は、その持ち方が鍵を握る。外交辞令が多かったり、慰

労的だったり、遠慮して意見が少なかったりでは、せっかく開催しても意味がない。保育研究会の実態は、保育の質と密接につながってくる。

　保育研究会は、参加者が負担に思わずに、率直な意見交換によって意義を感じるものでなければならない。進行も重要となる。進め方のうまい研究会、大会、学会などから学びたい。

　また、話し合いを深めるためには、参観記録用紙、グループ討議、外部講師の招聘などの導入も検討したい。試行錯誤しながら、工夫して取り組んでいくしかない。園全体で保育研究会を活発に行い、保育の質を向上させていかなければならない。園として、保育研究会を月に1回程度は実施したい。無理なら、せめて年3回（学期1回）程度は行いたい。全くやらなかったり、年に1回程度ではふじゅうぶんである。

　自己満足の保育にならないために、自分が行った保育の長所や今後の課題、課題に対する具体的な改善の見通しをしっかり確認したい。

　子どもに豊かな保育を提供するためには、保育者一人ひとりが保育力を向上させるしかない。自己研修と集団による保育研究会の両輪が機能してこそ、保育者の保育力が向上する。

⑬　その他

- 時刻（時間）、環境構成、予想される子ども（幼児）の活動、保育者の支援（援助）及び留意点（指導上の留意点）は、その内容がそれぞれ対応するように、行の始まりをそろえる。
- 話し言葉（例：ちゃんと）でなく、書き言葉（例：しっかりと）で書く。
- ら抜き言葉は使わない（例：出れる → 出られる、見れる → 見られる）。
- 句点（。）読点（、）を正しく使う。

　句点（。）〜文の終わり。

　読点（、）〜原則として、主語の後「私は、…」、接続詞の後「しかし、…」、接続助詞の後「…であるが、…」「…ので、…」などに打つ。ただし、重文（主語と動詞が一つでない場合）の場合は、それぞれの主語の後に打つと読点が多すぎるので打たない。

- 必要以上に丁寧に書かない（例：×お片づけをする。○片づけをする）。

第3章　子どもにとっての「造形活動の意味」を考えよう　*217*

・しっかりした文構造（主語と述語がある）、簡潔明瞭な文章（長い文章を
　避け、できるだけ短い文章にする）にする。

・常用漢字を使う（漢字と平仮名の使い分けに注意する）。

　常用漢字には、「難しい漢字は、読めない人がいると困るので仮名にする」
「漢字本来の意味でない場合は、仮名にする」、の2大原則がある。

　アンダーラインを漢字で表記しているのを見かけるが、仮名書きが望ましい
例〜子どもと<u>いっしょ</u>に、子ども<u>どうし</u>、<u>まね</u>をする、見て<u>いただく</u>、精<u>いっ</u>
<u>ぱい</u>、<u>がんばる</u>、<u>しだい</u>に、考えた<u>うえ</u>で、<u>片づけ</u>、<u>なにとぞ</u>、お疲れ<u>さま</u>、
下記の<u>とおり</u>、<u>おもしろい</u>、気<u>づく</u>、<u>なじむ</u>、<u>さまざま</u>に、この<u>たび</u>、家<u>ごと</u>
に、<u>ゆえ</u>に、<u>きれい</u>、<u>えらいこと</u>になる、困った<u>とき</u>。

　アンダーラインが、漢字が望ましい例〜式<u>次</u>第、興味を<u>持つ</u>、銀座<u>通り</u>、食
事を<u>頂く</u>、山の<u>頂き</u>（いただき）、屋根の<u>上</u>、敵同<u>士</u>、<u>及び</u>、<u>更</u>に、時の<u>流れ</u>。

　以上は1例に過ぎない。気になる字句は、そのつど改訂常用漢字に準拠した
辞書（白石大二編、『例解辞典［改訂新版］』、ぎょうせい、1,646円）で確認し
たい。

注及び文献

注

1) 本書は、幼稚園の教諭及び保育園の保育士を主な対象としている。よって、正式には「教諭・保育士」とすべきだが、例外を除いて「保育者」とした。また、「幼稚園・保育園」を「園」と省略した箇所も多い。

2) 中山ももこ、『絵を聴く保育 ― 自己肯定感を育む描画活動 ―』、かもがわ出版、2016、p.35.

3) 中山ももこ、前掲書、p.36、pp.106-111.

4) 新村　出編、『広辞苑』、岩波書店、1970.

5) 岩村吉晃、『タッチ』、医学書院、2009、p.5.

6) 坂井建雄・久光　正監修、『ぜんぶわかる脳の事典』、成美堂出版、2011、p.90.

7) 岩村吉晃、前掲書、p.32.

8) 池谷裕二監修、『【大人のための図鑑】脳と心のしくみ』、新星出版社、2015、p.82.

9) 渡邊淳司、『情報を生み出す触覚の知性　情報社会をいきるための感覚のリテラシー』、化学同人、2014. p.24.

10) 岩村吉晃、前掲書、p.18.

11) 渡邊淳司、前掲書、pp.132-133.

12) 成田　孝・廣瀬信雄・湯浅恭正、『教師と子どもの共同による学びの創造 ― 特別支援教育の授業づくりと主体性』、大学教育出版、2015、p.38.

13) 成田　孝・廣瀬信雄・湯浅恭正、前掲書、p.39

14) 岩村吉晃、前掲書、p.180.

15) 坂井建雄・久光　正監修、前掲書、p.34.

16) 岩村吉晃、前掲書、p.64.

17) 岩村吉晃、前掲書、p.132.

18) 林　竹二・伊藤功一、『授業を追求するということ』、国土社、1990、pp.55-59.

19) 成田　孝・廣瀬信雄・湯浅恭正、前掲書、p.123.

20) 成田　孝・廣瀬信雄・湯浅恭正、前掲書、p.21を一部修正.

21) 成田　孝・廣瀬信雄・湯浅恭正、前掲書、p.6を一部修正.

22) 成田　孝・廣瀬信雄・湯浅恭正、前掲書、pp.71-73.

23) 成田　孝・廣瀬信雄・湯浅恭正、前掲書、pp.60-61.

24) 中田基昭、『子育てと感受性 ― 乳幼児との豊かな関係をめざして ―』、創元社、2014、p.71.

25) 吉増克實、「三木形態学と『現実学』」、『ヒトのからだ ― 生物史的考察』、うぶすな書院、1997、pp.209-239.

26) 鯨岡　峻、『関係発達論の構築』、ミネルヴァ書房、1999、p.110、p.122.『保育のためのエピソード記述入門』、ミネルヴァ書房、2007、pp.58-59. pp.60-61.

27) 角真理子・日野啓子・井本惠美、「どんな行為にも、その子にとっては意味がある」、『教育美術』第 77 巻第 3 号　特集 子どもが見えるとき、公益財団法人教育美術振興会、2016、p.37.

28) 成田　孝・廣瀬信雄・湯浅恭正、前掲書、pp.91-93.

29) 成田　孝・廣瀬信雄・湯浅恭正、前掲書、pp.93-94.

30) 上岡一世、『知的障害教育転換への視点―「子どもが変わる」から「指導者が変わる」へ―』、明治図書、2012、pp.119-123.

31) 無藤　隆・古賀松香編、『実例から学ぶ保育内容　社会情動的スキルを育む「保育内容人間関係」―乳幼児期から小学校へつなぐ非認知能力とは―』、北大路書房、2016、pp.1-11.

32) 安部富士男、『幼児に土と太陽を―畑づくりから造形活動へ―』、新読書社、2002.
安部幼稚園ホームページ　http://homepage2.nifty.com/abekko/

33) 柿田比佐子、基調報告、第 48 回全国図工・美術教育研究大会　乳・幼児分科会、エデュカス東京、2011.8.13.

34) 中山ももこ、前掲書、p.117.

35) 中山ももこ、前掲書、pp.31-32.

36) 成田　孝、「表現の意味について」、『弘前大学教育学部教科教育研究紀要』第 1 号、1985、pp.89-98.
成田　孝、「『情操』に関する一考察」、『大学美術教育学会誌』第 24 号、1992、pp.11-20.　千谷七郎、『遠近抄』勁草書房、1978.
ルートヴィッヒ・クラーゲス／千谷七郎・平澤伸一・吉増克實訳、『心情の敵対者としての精神』全 3 巻全 4 冊、うぶすな書院、2008.

37) 山田康彦、「造形表現能力の発達の節を見る目の豊富化と共通に重視すべき視点について」、『子どもと美術』No.78 2016 春夏号、美術教育を進める会、pp.7-16.
　3 つの節（「イメージによる表現操作獲得の節［3 歳頃］」、「視覚的表現操作獲得の節［9・10 歳頃］」、「思春期の節」）における子どもの姿及び大人の関わりについて詳細な考察がなされている。更に、発達の過程を通して、①対象に働きかけ形を生み出す根源的喜びの体験、②表現の真実性の追求、③表現における対話性の発展、の 3 つの視点が重要であることを指摘している。

38) 新見俊昌、「5　描画」『子どもと保育 改訂版 2 歳児』、かもがわ出版、2012、pp.135-136.

39) 成田　孝・廣瀬信雄・湯浅恭正、前掲書、p.15 を一部修正.

40) 成田　孝・廣瀬信雄・湯浅恭正、前掲書、pp.2-3.
　吉増克實は、認識を「自然科学的認識」と「現実学的認識」に分け、「自然科学的認識」

の反現実性・反生命性・盲目性を厳しく批判している。そして、生命への共感・感動によってのみ現実に開かれるとしている。つまり、子どもの生命に対して、保育者が価値観（先入観・固定観念）を消し去り、無慾な観照によってのみ、子どものありのままの心が感得・観照・受容されるのである。

41) 鯨岡　峻、『関係発達論の構築』、ミネルヴァ書房、1999、p.110.
　「発達研究者は、子どもや養育者の生活の場に臨むとき一つの態度変更を迫られる。すなわち、研究者の価値観や子ども観に根差す諸判断を差し当たり保留し、対象を客観的に見て既成の知識をそこに確認しようとするような態度を還元して、素朴にその場に臨まなければならない（発達心理学的還元の態度）」

42) 鯨岡　峻、前掲書、p.122.
　「関与しながらの観察において、研究者は出会ってくる者の前にみずからが生き生きとした感受する身体として現前し、その者との関係を自然に生きることができ、印象受容能力を高め、その出会ってくる者におのれを開いて、そのあるがままを感受することができなければならない（臨床的還元）」

43) 鯨岡　峻、『保育のためのエピソード記述入門』、ミネルヴァ書房、2007、pp.58-59.
　「脱自的に見る態度」とは、保育者の個別性・固有性を抜け出して、出来事を脱自的（客観的）に捉える態度とされる。

44) 鯨岡　峻、前掲書、pp.60-61.
　「感受する態度」とは、出来事を保育者の生きた身体が感受するままに、ありありと、生き生きと捉える態度とされる。そして、出来事を「脱自的に見る態度」と「感受する態度」の両立が困難であることも指摘している。

45) 鯨岡　峻、前掲書、pp.60-61.
　「第3の態度」とは、保育者が忠実かつ正直に捉えているかを厳しく吟味する態度で、「脱自的態度（客観的に見る態度）」に再帰するとされる。

46) 中山ももこ、前掲書、pp.124-125.

47) 成田　孝・廣瀬信雄・湯浅恭正、前掲書、pp.52-53.

48) 中山ももこ、前掲書、pp.119-120.

49) 成田　孝、『発達におくれのある子どもの心おどる土粘土の授業』、黎明書房、2008、p.119.

50) ヴィゴツキー・柴田義松訳、『新訳版・思考と言語』、新読書社、2003、pp.297-307.

51) 乾杏里沙、「保育実践　小さな生き物との出逢いから」、『教育美術』第74巻第8号、公益財団法人教育美術振興会、2013、pp.9-12.

52) 甫立佳代、「保育実践　アリとの出会いから～遊び・表現へ～」、『教育美術』第72巻第7号、財団法人教育美術振興会、2011、pp.10-15.

53) 本書、p.136、「③ 集団の教育力に着目しよう」.

54) 大阪府立豊中養護学校、『昭和56, 57, 58年度 文部省指定実験学校 重度精神薄弱児教育研

究報告』、1983、pp.70-72 及び pp.144-145.

55）中山ももこ、「1 対 1 の対話活動」の資料（私信）.

56）新見俊昌、『子どもの発達と描く活動　保育・障がい児教育の現場へのメッセージ』、かもがわ出版、2010、pp.58-59.

57）太村美恵子、第 49 回全国保育問題研究集会・福岡、「認識と表現 — 美術」分科会、発表資料、2010.6.11.-13.

58）新見俊昌、前掲書、p.35、p.104、p.105.

本書で紹介した実践の写真（注を除く）

　以下の写真を使わせていただいた。この場を借りて、感謝したい。カラーのモノクロ化及びトリミングなどの修正を加えさせていただいたものもある。また、一部の写真は、小学生及び大学生のものもある。これは、年齢ではなく、活動内容の例として参考にしていただきたい。

　写真番号は本書の写真番号で、写真番号の後の括弧内は掲載されている文献の頁を示す。

第 1 章

1）写真 1-39（p.338）：新日本造形株式会社、『2014 平成 26 度版 新日本造形 図工・美術・工芸・技術カタログ』.

2）写真 1-17、写真 1-23：吉川恵子・寺岡晴子、全国保育問題研究協議会　第 28 回夏季セミナー、発表資料、京都教育大学藤森キャンパス、2011.8.27.

3）写真 1-18（p.11）：公益財団法人　美育文化協会、『美育文化ポケット』第 5 号、2015、Vol.2 No.1.

4）写真 1-19（pp.6-7）：公益財団法人　美育文化協会、『美育文化ポケット』第 7 号、2015、Vol.2 No.3.

5）写真 1-20（p.25）、写真 1-21（pp.22-23）、写真 1-32（p.98）、写真 1-35（p.97）：美術手帖編集部編、『図工室にいこう 2』、美術出版社、2012.

6）写真 1-22（p.35）、写真 1-26（p.21）、写真 1-34（p.21）：公益財団法人　美育文化協会、『美育文化』11 月号、2012、Vol.62 No.6.

7）写真 1-24（p.20）、写真 1-25（p.21）：公益財団法人　美育文化協会、『美育文化ポケット』第 3 号、2014、Vol.1 No.3.

8）写真 1-27（p.27）、写真 1-28（p.18）、写真 1-29（p.12）、写真 1-30（p.22）、写真 1-31（p.17）、写真 1-33（p.16）、写真 1-36（p.55）、写真 1-38（p.55）：子ども美術文化研究会編、『子どもが生み出す絵と造形一子ども文化は美術文化』、エイデル研究所、2012.

9）写真 1-37（p.237）、写真 1-43（p.268）、写真 1-44（p.204）、写真 1-46（p.251）、写真 1-48（p.191）、写真 1-49（p.227）：佐藤　学監修、『驚くべき学びの世界　レッジョ・エミリアの幼児教育』、ACCESS、2011.

10) 写真 1-42（p.185）、写真 1-45（p.902）：レッジョ・チルドレン著、ワタリウム美術館編、『子どもたちの 100 の言葉　レッジョ・エミリアの幼児教育』、日東書院、2012.

11) 写真 1-47（p.9）：森　眞理、『レッジョ・エミリアからのおくりもの〜子どもが真ん中にある乳幼児保育』、2013.

12) 写真 1-50（p.8）：公益財団法人　美育文化協会、『美育文化ポケット』第 2 号、2014、Vol.1 No.2.

13) 写真 1-40 〜 1-41、写真 1-51、写真 1-53 〜 1-58、写真 1-70、写真 1-72 〜 1-77、写真 1-80 〜 1-83：鹿児島国際大学生.

14) 写真 1-79：筆者.

第 2 章

1) 写真 2-21 〜 2-24、写真 2-30 〜 2-33：鹿児島国際大学生.

2) 写真 2-25 〜 2-26：海津見保育園.

3) 写真 2-27 〜 2-29：弘前大学教育学部附属養護学校（現特別支援学校）生徒.

4) 写真 2-34 〜 2-35：南日本ジュニア美術展.

第 3 章

1) 写真 3-1 〜 3-7：弘前大学教育学部附属養護学校（現特別支援学校）生徒.

文　献

1) 成田　孝、「『情操』に関する一考察」『大学美術教育学会誌』第 24 号、1992、pp.11-20.

2) 久保田競、『手と脳』、紀伊國屋書店、1982.

3) 中村雄二郎、『共通感覚論』（岩波現代選書）、岩波書店、1987.

4) 新見俊昌、『子どもの発達と描く活動　保育・障がい児教育の現場へのメッセージ』、かもがわ出版、2010.

　　本書はたくさんの事例を基にした説得力のある理論書であり、実践書としても具体的な方法論まで論じている希有の本である。子どもの実際の描画から、子どものメッセージや保育者の関わりが詳細に分析されている。市販されている理論書や概論書や題材集には考え方や作品の作り方は書かれていても、具体的にどのように関わればよいのかが分かりにくいものも少なくない。この点、本書では、各発達段階で何が大事なのか、具体的にどのように関わればよいのかが実践の事実を通して語られている。大変説得力のある、教育・保育の必携書である。

5) 中山ももこ、『絵を聴く保育 ― 自己肯定感を育む描画活動 ―』、かもがわ出版、2016.

　　本書の丁寧な実践記録から、子どもたちが信頼している保育者と響き合う豊かな生活が伝わってくる。響き合う豊かな生活づくりの“考え方”はもちろん、子どもと関わる極意が随所に散りばめられている。学ぶことの多い実践書である。

6) 美術教育を進める会、「［人格の発達と結びついた造形表現能力の発達の道筋と発達の節」

注及び文献　*223*

－『発達図・案』─ 平和で民主的な社会の形成者として ─ 」2016 年 5 月試案、『子どもと美術』No.78 2016 春夏号、美術教育を進める会、p.17.

　　1978 年に作成された「発達図」の改訂版である。「造形の発達」を「人格の形成」の視点から、「外界への働きかけ」「造形表現活動を支える力（言語・身体・人間関係・自我）」の発達を踏まえて、造形表現能力の「発達の道筋」と「発達の節」を明らかにするとともに、造形表現活動における各発達段階における「主導的な活動」と「大人の関わり・指導上の留意点」に言及している。

7) 安部富士男、『新装版　幼児に太陽を～畑づくりから造形活動へ～』、新読書社、2002.

8) 弘前大学教育学部附属養護学校、「図画工作・美術　豊かな表現力をはぐくむ指導はどうあればよいか」、『研究紀要　第 10 集　自ら生活力を高めながら生きていく子どもの指導 ─ 生活単元学習、日常生活の指導、図画工作・美術の実践を通して』、1990、pp.138-233.

9) 園原太郎編、『認知の発達』、培風館、1980.

10) 習志野市、『習志野市就学前子どもの保育一元カリキュラム指針　発達のみちすじと保育課題（別表）』、2003.

11) 子ども美術文化研究会編、『子どもが生み出す絵と造形─子ども文化は美術文化』、エイデル研究所、2012.

　　本書は、「絵」も対象にしているが、「絵」以外の「水」「砂」「土」「石」「木」「石」「動植物」「粘土」も年齢別に紹介しているのが特徴的である。造形関連の図書の多くが、描画や工作に偏重している傾向は否めないが、本書が取り上げている「絵」以外の活動をもっと重視すべきである。年齢別に紹介されているので、各年齢でどのような活動を展開すればよいかのヒントが得られる。

12) 野村知子・中谷孝子編著、『幼児の造形 ─ 造形活動による子どもの育ち ─ 』、保育出版社、2010.

13) 美術教育を進める会、『人格の形成と美術教育 1　幼児の美術教育』、あゆみ出版、1992.

14) 大阪保育問題研究会美術部会・大阪保育研究所編、『絵は子どものメッセージ　聴く楽しさ、響き合うよろこび』、かもがわ出版、2014.

15) 河原紀子監修、『0 歳～ 6 歳　子どもの発達と保育の本』、学研教育出版、2015.

16) 秋葉英則・白石恵理子・杉山隆一監修、『子どもと保育 改訂版 全 5 巻（0 歳児、1 歳児、2 歳児、3 歳児、4 歳児、5 歳児）』、かもがわ出版、2012.

17) 『美育文化ポケット』

　　この定期刊行物（季刊）は 2014 年 4 月に創刊され、幼児と小学校低学年を中心とした幼年期の造形活動で構成されている。年齢別の実践例の紹介のみならず、表現に関わるさまざまな内容が取り上げられている。保育者、必携の書である。市販されていないので、発行所（公益財団法人美育文化協会、03-5825-4801）に直接の申し込みが必要である。年間 1,800 円（季刊、送料込み）。

224

18)『教育美術』

　　この定期刊行物（月刊）の最初のほうには、ほぼ毎回、幼稚園又は保育園の実践が4頁
ほど紹介されている。文章と写真で構成されているので、子どもの動きや保育者の関わり
がよく分かる。

研究会

1) 全国保育問題研究集会

　　「保育問題研究会（保問研）」が主催し、規模が大きく、分科会の数も16程度と多い。
造形関係の分科会は「認識と表現―美術」で、例年5～6月に、全国各地で開催されて
いる。全国の実践及び実践家を知るよい機会でもある。

2)「全国図工・美術教育研究大会」の「乳・幼児分科会」

　　「美術教育を進める会」が主催し、分科会も4つと、あまり規模は大きくないが、お互
いの顔が見える話し合いがよい。例年8月上旬に、東京や京都中心に開催されている。実
践の持ち込みも歓迎されている。実際の活動や作品を通して、具体的に論じられている。

あとがき

　保育者が、毎日の活動内容を考えることは大変なことにちがいない。ハウツー本に頼って活動すれば、滞りなく、時間を過ごせるかもしれない。参考にするものが、ハウツー本かは大した問題ではない。参考になるハウツー本も、少なくない。

　しかし、大切なことは、「どんな活動をしたか」や「何をしたか」ではなく、その活動を通して、子どもが「何を学んだか」である。そのためには、教授学的な根拠を持ちながら、子どもが学びを深めるための保育構想を吟味して臨まなければならない。

　本書のテーマは、幼稚園・保育園における「心おどる造形活動」である。筆者には幼稚園・保育園の勤務経験はないが、長く勤務していた知的養護学校の子どもたちの一部は幼稚園・保育園の子どもたちと発達が重なるので、違和感はなかった。それどころか、発達が緩やかな知的養護学校での経験が役に立っている。また、幼稚園・保育園の優れた実践者との交流や、文献などの研究を通して、幼稚園・保育園の勤務未経験を補う努力はしてきたつもりである。本書が、現場の保育者によって上書きされていくことを期待している。

　教師・保育士の勉強は、ややもすると、自分が勤務している校園種に偏重しがちである。教科ごとに授業を担当する中学校以降の教師は、自分が担当する専門分野の勉強だけをしても、それなりに務まるかもしれない。しかし、教育・保育は、本来、総合的な営みである。まして、幼稚園・保育園が対象としている未分化な乳幼児なら、なおさらである。

　保育者は、当然、幼稚園や保育園に直接関わることは勉強しなければならない。しかし、それだけではふじゅうぶんである。保育者が、子どもの全人的な発達に寄与しなければならないことを考えると、自然、文化、医学、生物、歴史、哲学、言語、社会、暮らし、道具、材料、アートなど、あらゆる領域に関わる勉強が必要となる。

保育者の責任の大きさを考えると、その重圧に押しつぶされそうになるかもしれないが、誠実かつ精いっぱいの取り組みが地平を切り開く力になることは間違いがない。

無論、なまはんかな知識や勉強では通用するはずがない。人間は誰でも、できないこと、不得意なこと、他人よりも劣ることなどをたくさん持っている。勉強は、他人と競争するためではない。自分のために、自身の保育者としての力量不足を少しでも埋めて、高めるために、覚悟して勉強するのである。決して、子どものためではない。

信頼できる保育者と仲間に見守られながら、幼稚園・保育園が子どもたちのいい顔で満ちあふれることを願ってやまない。

最後に、乳幼児の造形活動研究のリーダーである新見俊昌先生（元大阪千代田短期大学教授）及び熱き実践者である中山桃子先生（元保育園勤務）との出会いがなければ、本書は生まれなかった。この場をお借りしてお礼申し上げる。加えて、本書の出版を快諾いただいた、大学教育出版代表取締役佐藤守様及び編集担当の社彩香様に、心から感謝申し上げる。

2016 年 12 月

成田　孝

■著者紹介

成田　孝（なりた　たかし）

　　1950 年青森県生まれ。多摩美術大学卒業。4 年間の公立中学校教諭、計 34 年間の県立・国立・私立の養護学校教諭を経て、現在、鹿児島国際大学福祉社会学部児童学科教授。保育士資格・幼稚園及び小学校教員免許に関わる造形関係の科目を担当。第 12 回（平成 3 年度）辻村奨励賞受賞。所属学会は、KLAGES GESELLSCHAFT（ドイツ）、日本特殊教育学会、大学美術教育学会、日本自閉症スペクトラム学会、民族藝術学会、日本美術解剖学会。主な著書は、『教師と子どもの共同による学びの創造 ― 特別支援教育の授業づくりと主体性 ―』（共著、大学教育出版、2015）、『発達に遅れのある子どもの心おどる土粘土の授業 ― 徹底的な授業分析を通して ―』（黎明書房、2008）、「『情操』概念に関する一考察」『大学美術教育学会誌 第 24 号』（1992）、「表現の意味について ― ルートヴィッヒ・クラーゲスに依拠して ―」『弘前大学教育学部教科教育研究紀要 第 1 号』（1985）。

心おどる造形活動
― 幼稚園・保育園の保育者に求められるもの ―

2017 年 2 月 5 日　初版第 1 刷発行

■著　　者———成田　孝
■発 行 者———佐藤　守
■発 行 所———株式会社 **大学教育出版**
　　　　　　　〒 700-0953　岡山市南区西市 855-4
　　　　　　　電話（086）244-1268　FAX（086）246-0294
■印刷製本———モリモト印刷㈱

©Takashi Narita 2016, Printed in Japan
検印省略　　落丁・乱丁本はお取り替えいたします。
本書のコピー・スキャン・デジタル化等の無断複製は著作権法上での例外を除き禁じられています。本書を代行業者等の第三者に依頼してスキャンやデジタル化することは、たとえ個人や家庭内での利用でも著作権法違反です。

ISBN978 - 4 - 86429 - 431 - 7